康有爲學術著作選

諸天講

康有爲 著
樓宇烈 整理

中華書局

圖書在版編目(CIP)數據

諸天講/康有爲著;樓宇烈整理. -北京:中華書局,1990.4(2012.7重印)
(康有爲學術著作選)
ISBN 978-7-101-00539-4

Ⅰ.諸… Ⅱ.①康…②樓… Ⅲ.康有爲(1858~1927)-文集 Ⅳ.B258.1-53

中國版本圖書館CIP數據核字(2012)第054180號

康有爲學術著作選

諸天講

康有爲 著

樓宇烈 整理

*

中華書局出版發行

(北京市豐臺區太平橋西里38號 100073)

http://www.zhbc.com.cn

E-mail:zhbc@zhbc.com.cn

北京瑞古冠中印刷廠印刷

*

850×1168毫米 1/32 · 8⅛印張 · 2插頁 · 164千字

1990年4月第1版 2012年7月北京第2次印刷

印數:2201-5200冊 定價:26.00元

ISBN 978-7-101-00539-4

庚午四月

康南海諸天講

七十稀叟題

原刻本扉頁題簽

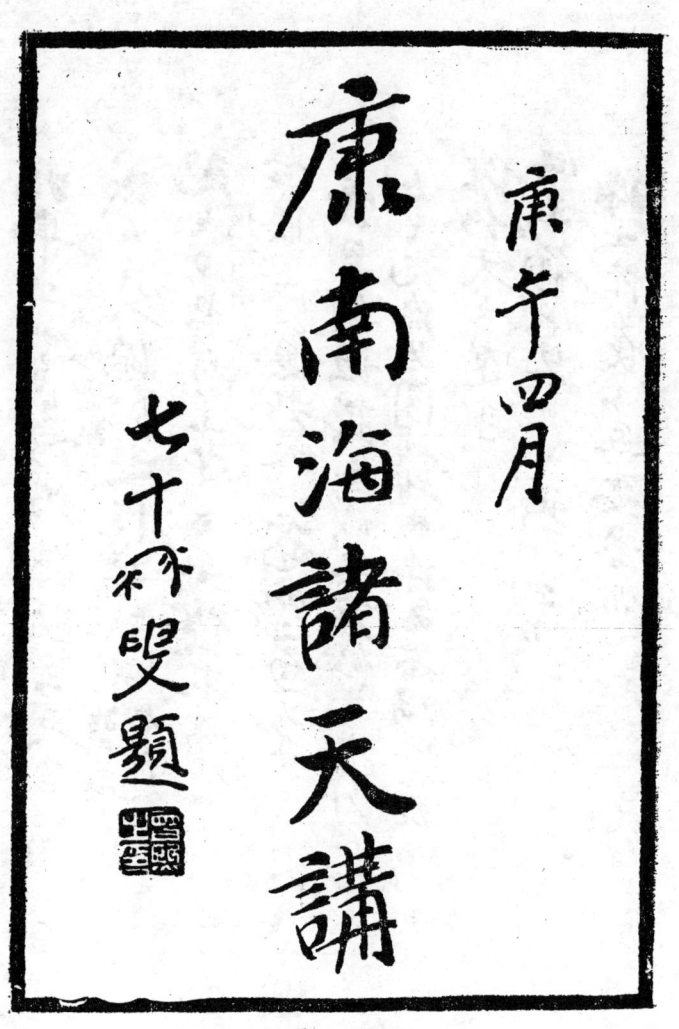

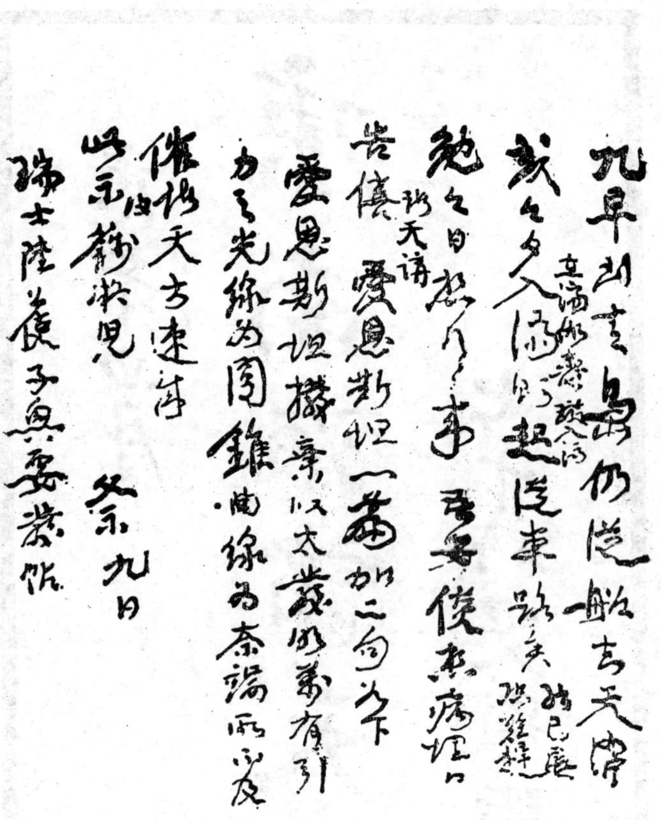

康有爲家書墨跡

一九二七年二月六日(夏曆正月五日)

點校説明

一、諸天講又名諸天書（或説又稱天游廬講學記），是康有爲最後一部專著。此書完成於一九二六年，至一九三〇年由其弟子伍莊出資，唐修主持具體校刻工作，在上海初刻出版。此次卽據初刻本點校出版。

二、據康有爲諸天講自序中説，他在二十八歲時「因讀歷象考成而昔昔觀天文焉。因得遠鏡見火星之火山冰海，而悟他星之有人物焉，因推諸天之無量，卽亦有無量之人物、政教、風俗、禮樂、文章焉，乃作諸天書。」但由於感到「談天豈有盡乎？故久而未布。」一九二六年，康氏在上海創辦天游學院，在講學中時及諸天之論，門人從而「咸請刻布此書」，於是他在同年夏天整理舊稿，編輯成書，並作序付刻。可惜第二年春天康氏卽去世，不及見此書的出版。據唐修跋中説，此書在付刻時，康有爲「隨加改易增損」，同時在待印期間，某些篇章也有散失，因此與原稿已有所不同。康氏有一些修改意見也未能收入。如康有爲在一九二七年一月九日的一封家信中，曾催促加快刻印此書，並囑其外孫麥僖曾在愛恩斯坦篇中加上兩句話。然今刻本中除僅有一條批評愛因斯坦（在卷十五中）外，並無愛恩斯坦篇，且無康氏信中所要求增加的兩句話。這次點校，卽將此兩句話附注於卷十五中。

三、康有爲此書中大量摘引歷代正史天文志，佛典，及當時所譯講天文的西書。但是由於原書校勘者甚粗疏，引文之訛誤衍脱甚多。此次整理點校時，對所引各天文志及佛典之文，均詳加核正。其中除明顯誤字徑改不作説明外，其餘補正之文字均用〔　〕標出，所誤原字則以（　）標出。

四、諸天講原刻本後附有月圖十五幅，是與本書卷三月篇中的某些章節相配合的。自今日看，這些圖畫得十分不準確，但爲了保持原貌，仍附録於後。

樓宇烈

一九八六年二月

目録

序

南海先生諸天書起草於二十八歲時，作大同書之後，四十年來祕之未刊。晚歲講學歇浦之游存廬，時及諸天，門弟子請刊之，始出舊稿整理校讎，將付剞劂焉。未出版而先生逝世。適值國亂，兵燹頻年，同人星散，稿存中華書局，延緩久之。今年冬月，以修自滬貽書告予，謂初校稿佚去數篇，予大驚駭。迴憶丁卯秋，在天津與君勉、任公商刊先師遺著，任公曰：「諸天書多科學家言，而不盡爲科學家言。莊子逍遥游不言科學，諸天書兼言科學，後人或不以逍遥游視之，而議先師科學之言爲未完也。」君勉曰：「是何害？先師神游諸天，偶然游戲，草成是書，必執科學拘之，毋乃小乎？」予深韙君勉之言。然予奔走去國，亦未暇校刊也。今得以修書而感傷，倘再緩刊，能保不散失乎？國亂文喪，人心無所依，悍者縱慾，而爲大獸大禽，弱者憂思，魂惘惘焉。先師之講諸天，爲除人間患苦，發周子務大之義。泰其心也，予之真樂也，不能執科學議之也。今之科學，再過千萬年後，其幼穉必極可哂，倘執之以爲實在，與哥白尼前信日行天上地不動何異哉？宇宙之大，離奇奧妙，斷非現在區區科學所能盡也，豈可以是議諸天書？爰告以修速校刊之。己巳冬，門人伍莊謹序於美國金門之博浪樓。

自序

吾人生而終身居之、踐之、立之者，豈非地耶？豈可終身不知地所自耶！地者何耶？乃日所生，而與水、金、火、木、土、天王、海王同繞日之游星也。吾人在吾地，昔昔矯首引鏡仰望土、木、火諸星，非光華炯炯行於天上耶？若夫或昏見啓明，熠燿宵行于天上，尤人人舉目所共覩。然自金、水、火、木、土諸星中，夜望吾地，其光華爛爛運行於天上，亦一星也。夫星必在天上者也，吾人既生於星中，即生於天上。然則，吾地上人皆天上人也，吾人真天上人也。人不知天，故不自知爲天人。故人人皆當知天，然後能爲天人；人人皆當知地爲天上一星，然後知吾爲天上人。莊子曰：「人之生也，與憂俱來。」吾則以爲，人之生也，與樂俱來。生而爲天人，諸天之物咸備於我，天下之樂孰大於是！自至愚者不知天，只知有家庭，則可謂爲家人；或只知有里閭族黨，而不知天，則可謂爲鄉人；進而知有郡邑，而不知天，則可謂爲邑人；又進而知有國土，而不知天，則可謂爲國人。近者大地交通，能游寰球者數五洲如家珍，而不知天，則可謂爲地人。蔽於一家者，其知識神思行動以一家之法則爲憂樂，若竈下婢然，終身蓬首垢面於竈下，一食爲飽，快然自足，餘皆憂苦，爲地最隘最小，則最苦矣。蔽于一鄉一邑者，其知識神思行動以一鄉一邑之風俗爲憂樂，多穀翁之十斛麥，乘障吏之自尊，其爲地亦最隘小，而苦亦甚矣。蔽於一國者，其神思知識行動以一國之政教爲憂樂，或以舞刀筆効官職，或以能殺人稱功名，或以文學登高科至高位，或以生帝王家爲親貴，爲王，爲帝，上有數千年之教俗，下有萬數千里之政例，自貴而相賤，自是而相非，以多爲證，以同爲正，用以相形而相傴、相傾、相織也。其爲地亦隘小矣，其爲人亦苦而不樂矣。夫大地棣通，遊學諸國，足徧五洲，全球百國之政藝俗日輪於腦中耳目中，其神思知識行動以歐、美爲進退，或更蒐搜埃及、印度、波斯、阿拉伯各哲學與其舊政舊俗爲得失，比較而進退焉。斯焉地人，其庶幾至矣乎，其亦樂矣乎！然彼歐、美之論説、風俗，溺于一偏，易有流弊，其更起互落，驟興乍廢，不可據依者皆是也。當時則榮，没則已焉，奚足樂哉？其去至人也，抑何遠矣！然則，欲至人道之極樂，其爲天人乎？莊子曰：「人之生也，與憂俱來。」況其壽至短，其知有涯，以至短之壽，有限之知，窮愁苦悲，日夕之勞困不釋。或苦寒飢，家累國爭，憧憧爾思，雷風水火，震撼駭疑；或日月遇食，彗星流飛，火山噴火，地裂海嘯，洪水汎濫，神鬼精魅，幻詭離奇，不辨其物質，不得其是非，哀恐畏懾，憂患傷之，痛心莫解，驚魂若癡，此亦人間世之最可憫悲者也。且愛惡相攻而吉凶生，情僞相感而利害生，惟天生人，有欲不能無求，求之不給不能無爭，爭則不能無亂。一戰之慘，死人百萬，生存競爭，弱肉强食。故諸教主哀而拯救之，矯託上天，神道設教，怵以末日地獄，引以極樂天國，導以六道輪迴，誘以淨土天堂，皆以撫慰衆生之心，振拔羣萌之魂。顯密並用，權實雙行，皆所以去其煩惱，除其苦患，以至極樂而已。然裹飯以待餓夫，施藥以救病者，終未得當焉。以諸教主未知吾地爲天上之星，吾人爲天上之人，則所發之藥，未必對症也。康有爲生於繞日之地星，赤道之北，亞洲之東，崑崙之西南，中華之國土，發現海王星之歲以生。二十八歲時，居吾粤西樵山北銀河之澹如樓，因讀歷象考成而昔昔觀天文焉。因得遠鏡見火星之火山冰海，而悟他星之有人物焉。因推諸天之無量，即亦有無量之人物、政教、風俗、禮樂、文章焉，乃作諸天書，于今四十二年矣，歷刦無恙，日爲天游。吾身在此地星之人間，吾心游諸天之無量，陶陶然浩浩然。俛視吾地星也，不及滄海之一滴也；俛視此人間世也，何止南柯之蟻國也。吾國自唐虞之世，羲和歷象，日月星辰，授時成歲，立閏正朔。其在三代，巫咸甘石測天，其略存於史記天官書，其後渾、蓋、宣夜三説並馳，平、昕、安、穹四天騰沸。然古無精器，漢張衡地動儀，今存型於日本，元郭守敬渾天儀，吾摩娑於德國，今歸于京師觀象臺。然在今日，皆廢而無用矣。中國天文書以隋志爲詳，隋時尚以星只一千五百六十，若張衡謂微星一萬一千五百五十，則隋志言衡圖堙滅，星名不存。歐土古先謂日爲神，所乘火輪車，每日過天空。希臘之安邦瑞美謂天空運行，皆繞極星，地浮天心，如平滑之圓壔而深無底。達名拉斯拉只言地自爲球，繞天心山之點，如宇宙火，似繩端之小石。其説盛行至第四紀乃滅。然日實如宇宙火，不謬也，但彼未識即爲日耳。亞里斯加斯謂月大于地，則大謬矣。自哥白尼出，乃知地之繞日。奈端乃發重力之吸拒，天文乃有所入。今測銀河之星已二萬萬，況銀河僅得渦雲天十六萬之一乎？其他占驗，尤巨謬不足辨。詩曰：「克廣德心」，周子曰：「見其大則心泰。」吾之談天也，欲爲吾同胞天人發聾振聵，俾人人自知爲天上人，知諸天之無量。人可乘爲以太而天遊，則天人之電道，與天上之極樂，自有在矣。夫談天豈有盡乎？故久而未布。丙寅講學於天游學院，諸門人咸請刻布此書以便學者，雖慚簡陋，亦足爲見大心泰之助，以除人間之苦，則所獲多矣。春編校于西湖一天園開天天室，夏五避暑焦山大觀臺聽濤書屋，日俛長江聽奔濤。校成序之，天游化人康有爲。

通論篇第一

中國古天文學未精由製器未精

中國古言天文者，自郭守敬以前，莫如張衡、李淳風矣。隋書天文志作于李淳風，號爲最佳，然古製遠鏡不精，故測天多謬，此吾國古人所無如何也，其他著益無足稱。古之言天者有三家，一曰蓋天，二曰宣夜，三曰渾天。蓋天之説，卽周髀是也，其本庖犧氏立周天曆度，其所傳則周公受於殷商，周人志之，故曰周髀。髀，股也。股者，表也。其言天似蓋笠，地法覆槃，天地各中高外下。北極之下，爲天地之中，其地最高，而滂沱四隤，三光隱映，以爲晝夜。天中高於外衡冬至〔日〕〔一〕之所在六萬里，北極下地高於外衡下地亦六萬里，外衡高於北極下地二萬里。天地隆高相從，日去地恆八萬里。日麗天而平轉，分冬夏之間日所行道爲七衡六間。每衡周徑里數，各依算術，用勾股重差，推晷影極〔游〕，以爲遠近之數，皆得於表股也，故曰〔周髀〕。又〔周髀家云〕：「天圓如張蓋，地方如棋局。天旁轉如推磨而左行，日月右行，天左轉，故日月實東行，而天牽之以西没。譬之於蟻行磨〔石〕之上，磨左旋而蟻右去，磨

〔一〕「日」字據隋書天文志補。按，自「古之言天者有三家」以下，至本段末「則渾天之理信而有徵，輒遺衆説，附渾儀」，均録自隋書天文志。其中譌脱頗多，今據中華書局標點本改正之。除必要外，一般不再出校記。

疾而蟻遲，故不得不隨磨以左迴焉。天形南高而北下，日出高故見，日入下故不見。天之居如倚蓋，故〔極〕在人北，是其證也。極在天之中，而今在人北，所以知天之形如倚蓋也。日朝出陰中，暮入陰中，陰氣暗冥，故從没不見也。夏時陽氣多陰氣少，陽氣光明，與日同暉，故日出卽見，無蔽之者，故夏日長也。冬時陰氣多陽氣少，陰氣暗冥，掩日之光，雖出猶隱不見，故冬日短也。」漢末，楊子雲難蓋天八事，以通渾天。其一云：「日之東行，循黄道。晝〔夜〕〔一〕中規，牽牛距北極（北）〔南〕〔二〕百一十度，東井距北極南七十度，並百八十度。周三徑一，二十八宿周天當五百四十度，今三百（四）〔六〕十度，何也？」其二曰：「春秋分之日正出在卯，入在酉，而晝漏五十刻。卽天蓋轉，夜當倍晝，今夜亦五十刻，何也？」其三曰：「日入而星見，日出而不見，卽斗下見日六月，不見日六月。北斗亦當見六月，〔不見六月〕，今夜常見，何也」？其四曰：「以蓋圖視天河，起斗而東入狼弧間，曲如輪。今視天河直如繩，何也？」其五曰：「周天二十八宿，以蓋圖視天，星見者當少，不見者當多。今見與不見等，何出入無冬夏，而兩宿十四星當見，不以日長短故見有多少，何也？」其六曰：「天至高也，地至卑也。日託天而旋，可謂至高矣。縱人目可奪，水與景不可奪也。今從高山上，以水望日，日出水下，影上行，何也？」其七曰：「視物，近則大，遠則小。今日與北斗，近我而小，遠我而大，何也？」其八曰：「視蓋橑與車輻間，近杠轂卽密，益遠益疏。今北極爲天杠轂，二十八宿爲天橑輻，以星度度天，南方次地星間當數倍，今交密，何也？」其

〔一〕「夜」字據隋書標點本校補。
〔二〕「南」字據隋書標點本校改。

後，桓譚、鄭玄、蔡邕、陸績，各陳周髀考驗天狀，多有所（建）〔違〕。逮梁武帝於長春殿講義，別擬天體，全同周髀之（天）〔文〕，蓋立新（義）〔意〕，以排渾天之論而已。宣夜之書，絶無師法。唯漢祕書郎郗萌，記先師相傳云：「天了無質，仰而瞻之，高遠無極，眼瞀精絶，故蒼蒼然也。譬之旁望遠道之黄山而皆青，俯察千仞之深谷而窈黑。夫青非真色，而黑非有體也。日月衆星，自然浮生虛空之中，其行其止，皆須氣焉。是以七曜或逝或住，或順或逆，伏見無常，進退不同，由乎無所根繫，故各異也。故辰極常居其所，而北斗不與衆星西没也。」晉成帝咸康中，會稽虞喜因宣夜之説，作安天論，以爲「天高窮於無窮，地深測于不測。天確乎在上，有常安之形，地魄焉在下，有居靜之體。當相覆冒，方則俱方，圓則俱圓，無方圓不同之義也。其光曜布列，各自運行，猶江海之有潮汐，萬品之有行藏也。」葛洪聞而譏之曰：「苟辰宿不麗於天，天爲無用，便可言無。何必復云有之而不動乎？」由此而談，葛洪可謂知言之選也。喜族祖河間相聳，又立穹天論云：「天形穹隆如鷄子幕，其際周接四海之表，浮夫元氣之上。譬如覆奩以抑水而不没者，氣充其中故也。日繞辰極，没西還東，而不出入地中。天之有極，猶蓋之有斗也。天北下於地三十度，極之傾在地卯酉之北亦三十度。人在卯酉之南十餘萬里，故（北）〔斗〕極之下不爲地中，當對天地卯酉之位耳。（日）行黄道繞極，極北去黄道百一十五度，南去黄道六十七度，二至之所舍，以爲長短也」。吳太常姚信造昕天論云：「人爲靈蟲，形最似天。今人頤（前）侈臨胸，而（項）〔一〕不能覆背。近取諸身，故知天之體，南低入地，北則偏高也。又冬至極低，而天運近南，故日去人

〔一〕「項」字，隋書標點本校者按，太平御覽二引作「頂」字。

遠，而斗去人近。北天氣至，故水寒也。夏至極起，而天運近北，而斗去人遠，日去人近。南天氣至，故蒸熱也。極之〔立〕〔高〕〔一〕時，日行地中淺，故夜短；天去地高，故晝長也。極之低時，日行地中深，故夜長；天去地下，故晝短也。」自虞喜、虞聳、姚信，皆好奇徇異之説，非極數談天者也。前儒舊説，天地之體，狀如鳥卵，天包地外，猶〔殼〕〔彀〕之裹黄，周旋無端，其形渾渾然，故曰渾天。又曰：「天表裏有水，兩儀轉運，各乘氣而浮，載水而行。」漢王仲任，據蓋天之説，以駁渾儀云：「舊説，天轉從地下過。今掘地一丈輒有水，天何得從水中行乎？甚不然也。日隨天而轉，非入地。夫人目所望，不過十里，天地合矣。實非合也，遠使然耳。今視日入，非入也，亦遠耳。當日入西方之時，其下之人亦將謂之爲中也。四方之人，各以其近者爲出，遠者爲入矣。何以明之？今試使一人把大炬火，夜行於平地，去人十里，火光滅矣。非火滅也，遠使然耳。今日西轉不復見，是火滅之類也。日月不圓也，望視之所以圓者，去人遠也。夫日，火之精也；月，水之精也。水火在地不圓，在天何故圓？」丹陽葛洪釋之曰：「渾天儀注云：『天如鷄子，地如中黄，孤居於天内，天大而地小。天表裏有水，天地各乘氣而立，載水而行。周天三百六十五度四分度之一，又中分之，則半覆地上，半繞地下。故二十八宿，半見半隱。天轉如車轂之運也。』諸論天者雖多，然精於陰陽者少。張平子、陸公紀之徒，咸以爲推步七曜之道，以度曆象昏明之證候，〔校〕以四八之氣，考〔之〕〔以〕漏刻之分，占晷影之往來，求形驗於事情，莫密於渾象也。張平子既作銅渾天儀，於密室中以漏水轉之，與天皆合如符契也。崔子玉爲其碑銘曰：『數術窮天地，〔制作〕

〔一〕「高」字，隋書標點本校者按，原作「立」，據太平御覽二引校改。

侔造化。高才偉藝，與神合契。』蓋由於平子渾儀及地動儀之有驗故也。若天果如渾者，則天之出入，行於水中，爲必然矣。故黃帝書曰：『天在地外，水在天外，水浮天而載地者也』〔一〕。聖人仰觀俯察，審其如此。故晉卦坤上離下，以證日出於地也。又明夷之卦離下坤上，以證日入於地也。又需卦乾下坎上，此亦天入水中之象也。〔天爲金，金水相生之物也〕，天出入水中，當有何損，而謂其不可乎？然則，天之出入水中，無復疑矣。又今視諸星出於東者，初〔旦〕〔但〕去地小許耳。漸而西行，先經人上，後遂轉西而下焉，不旁旋也。其先在西之星，亦稍下而沒，無北轉者。日之出入亦然。若〔夫〕〔謂〕天磨〔右〕〔石〕轉者，衆星日月，宜隨天而迴，初在於東，次經於南，次到於西，次及於北，而復還於東，不應〔還〕〔橫〕過去也。今日出於東，冉冉轉上，及其入西，亦復漸漸稍下，都不繞邊北去。了了如此，王生必固謂爲不然者，疏矣。今日徑千里，其中足以當小星之數十也。若日以轉遠之故，但當光曜不能復來照及人耳，宜猶望見其體，不應都失其所在也。日光既盛，其體又大于星。今見極北之小星，而不見日之在北者，明其不北行也。若日以轉遠之故，不復可見，其比入之間，應當稍小。而日方入之時，反乃更大，此非轉遠之徵也。王生以火炬喻日，吾亦將借子之矛，以刺子之盾焉。把火之人，去人轉遠，其光轉微，而日月自出至入，不漸小也。王生以火喻之，謬矣。又日，日之入西方，視之稍稍去，初尚有半，如橫破鏡之狀，須臾淪沒矣。若如王生之言，日轉北去者，其北都沒之頃，宜先如豎破鏡之狀，不應如

〔一〕按，此下隋書天文志尚有：「又，易曰：『時乘六龍』。夫陽爻稱龍，龍者居水之物，以喻天。天陽物也，又出入水中，與龍相似，故比以龍也」一段文字。不知康氏爲刪節抑或抄脫，今不可知。故錄於此，以爲參考。

橫破鏡也。如此言之，日入北方，不亦孤子乎？又月之光微，不及日遠矣。月盛之時，〔須〕〔雖〕有重雲蔽之，不見月體，而夕猶朗然，是月光猶從雲中而照外也。日若繞西及北者，其光故應如月在雲中之狀，不得夜便大暗也。又日入則星月出焉。明知天以日月分主晝夜，相代而照也，若日常出者，不應日亦入而星月出也〔一〕。王生又云：『遠故視之圓。』若審然者，月初生之時，及既虧之後，何以視之不圓乎？而日食，或上或下，從側而起，或如鈎至盡。若遠視〔見〕圓，不宜見其殘缺左右所起也。此則渾天之體，信而有徵矣。宋何承天論渾天象體曰：「詳尋前說，因觀渾儀，研求其意，有悟天形正圓，而水居其半，地中高外卑，水周其下。言四方者，東曰暘谷，日之所出，西曰濛汜，日之所入。莊子又云：『北溟有魚，化而爲鳥，將徙於南溟。』斯亦古之遺記，〔四方皆水證也〕。四方皆水，謂之四海。凡五行相生，水生於金。是故百川發源，皆自山出，由高趣下，歸注於海。日爲陽精，光曜炎熾，一夜入水，所經焦竭。百川歸注，足以相補，故旱不爲減，浸不爲益。」又云：「周天三百六十五度三百四分之七十五，天常西轉，一日一夜過周一度。南北二極，相去一百一十六度三百四分度之六十五彊，即天經也。黃道〔袤〕帶赤道〔帶〕，春分交於奎七度，秋分交於軫十五度，冬至斗十四度半彊，夏至井十六度半。從北極扶天而南五十五度彊，居天四維之中，〔最〕高處也，即天頂也，其下則地中也。」自外與王蕃大同。王蕃渾天說，具於晉史。舊說渾天者，以日月星辰，不問春秋冬夏，晝夜晨昏，上下去地中皆同，無遠近。列子曰：「孔子東遊，見兩小兒鬭。問其故，一小兒曰：『我以日始出去人近，而日中時遠也。』一小兒曰：『我以爲

〔一〕按，此下康氏刪去一大段文字。

日〔初〕出遠，而日中時近也。』言初出近者曰：『日初出大如車蓋，及其日中，裁如盤蓋。此不爲遠者小，近者大乎？』言日初出遠者曰：『日〔初〕出時滄滄涼涼，及其中時，熱如〔探〕湯。此不爲近者熱，遠者涼乎？』桓譚新論云：「漢長水校尉平陵關子陽，以爲日之去人，上方遠而四傍近。何以知之？星宿昏時出東方，其間甚疎，相離丈餘。及夜半在上方，視之〔其〕〔甚〕數相離一二尺。以準度望之，逾益明白，故知天上之遠於傍也。日爲天陽，火爲地陽。地陽上升，天陽下降。今置火於地，從傍與上診其〔熱〕，遠近殊不同焉。日中正在上，覆蓋人，人當天陽之衝，故熱於始出時。又新從太陰中來，故復涼於其西在桑榆間也。桓君山曰：子陽之言，豈其然乎？」張衡靈憲曰：「日之薄地，闇其明也。由闇〔視〕明，明無所屈，是以望之若大。方其中，天地同明，明還自奪，故望之若小。火當夜而揚光，在晝則不明也。月之於夜，與日同而差微。」晉著作郎陽平束晳，字廣微，以爲傍方與上方等。傍視則天體存於側，故日出時視日大也。日無小大，而所存者有伸厭。厭而形小，伸而體大，蓋其理也。又日始出時色白者，雖大不甚，始出時色赤者，其大則甚。此終以人目之惑，無遠近也。且夫置器廣庭，則函牛之鼎如釜；堂崇十仞，則八尺之人猶短。物有陵之，非形異也。夫物有惑心，形有亂目，誠非斷疑定理之主。故仰游雲以覩月，月常動而雲不移；乘船以涉水，水去而船不徙矣。姜岌云：「余以爲子陽言天陽下降，日下熱，束晳言天體存於目則日大，頗近之矣。渾天之體，圓周之徑，詳之於天度，驗之于晷影，而紛然之說，由人目也。參伐初出，〔於〕〔在〕旁則其間〔疎，在上則其間〕數。以渾〔驗〕〔檢〕之，度則均也。旁之於上，理無有殊也。夫日者，純陽之精也，光明外曜，以眩人目，故人視〔日〕如小。及其初出，地有遊氣，以厭日光，不眩人目，卽日赤而大也。無遊氣則色白，大不甚矣。地氣不及天，故一日之中，晨夕日色赤，而中時日色白。地氣上升，蒙蒙四合，與天連者，雖中時亦赤矣。日與火相類，火則體赤而炎黃，日赤宜矣。然日色赤者，猶火無炎也。光衰失常，則爲異矣。」梁奉朝請祖暅曰：「自古論天者多矣，而羣氏糾紛，至相（訾）〔非〕毁。竊覽同異，稽之典經，仰觀辰極，傍矚四維，覩日月之升降，察五星之見伏，校之以儀象，覆之以晷漏，則渾天之理信而有徵，輒遺衆說，附渾儀。」凡所引說，皆吾國一代之通人名士，而由今觀之，半明半昧，有若童子之言，不值一哂。蓋窺筒遠鏡不精，只憑肉眼，欲以測天，宜其難也。

明末利瑪竇來歐人天曆學始用于中國然未知哥白尼地繞日說奈端吸拒力說猶是大輅椎輪

明史天文志謂：「楚詞言『圜則九重，孰營度之』，渾天家言『天包地如卵裹黃』，則天有九重，地爲渾圓，古人已言之矣。西洋之說，既不背於古，而有驗於天，故表出之。其言九重天也，曰最上爲宗動天，無星辰，每日帶各重天，自東而至西左旋一周，次曰列宿天，次曰填星天，次曰歲星天，次曰熒惑天，次曰太陽天，次曰金星天，次曰水星天，最下曰太陰天。自恆星天以下八重天，皆隨宗動天左旋。然各天皆有右旋之度，自西而東，與蟻行磨上之喻相符。其右旋之度，雖與古有增減，然無大異。惟恆星之行，卽古歲差之度。古謂恆星千古不移，而黃道之節氣每歲西退。彼則謂黃道終古不動，而恆星每歲東行。由今考之，恆星實有動移，其說不謬。至於分周天爲三百六十度，命日爲九十六刻，使每時得八刻無奇零，以之布算製器，甚便也。其言地圓也，曰地居天中，其體渾圓，與天度相應。中國當赤道之北，故北極常現，南極常隱。南行二百五十里其〔一〕北極低一度，北行二百五十里則北極高一度，東西亦然。亦二百五十里差一度也。以周天度計之，知地之全周爲九萬里也。以周徑密率求之，得地之全徑爲二萬八千六百四十七里又九分里之八也。又以南北緯度定天下之縱。凡北極出地之度同，則四時寒暑靡不同。若南極出地之度與北極出地之度同，則其晝夜永短靡不同。惟時令相反，此之春彼爲秋，此之夏彼爲冬耳。以東西經度定天下之衡，兩地經度相去三十度，則時刻差一辰。若相距一百八十度，則晝夜相反焉。其説與元史札馬魯丁地圓之旨略同。」回教言九重天也，亦同。崇禎時，徐光啓以改定中國之曆，中國自古測天術遂革，然尚未知哥白尼地繞日説。奈端吸拒力説在歐人天學，以今比之，猶是大輅椎輪也。

古以占驗言天之謬

自殷巫咸言天，已主占驗。春秋之梓慎、裨竈，戰國之甘德、石申並以占天得名。直至近世，談天雖寡，然皆知日月食之有定，而彗孛之見，人心猶驚。古言天文者，以張衡爲古今第一，崔子玉推爲數術窮天地，制作侔造化。今日本大學藏平子地動儀，遺制猶有驗焉。然張衡云：在野象物，在朝象官，動係于占，實司王命。四布于方，爲二十八星，日月運行歷行示休咎，五緯經次，用彰禍福。北周克梁，

〔一〕「其」字明史天文志原作「則」字。

獲庾季才爲太史令，撰靈臺祕苑一百二十卷，占驗益備。蓋諸星千萬，欲名無從，不得不假人事以名之，故其積久有自來。既爲人事，自有崇卑得失，而占卜自生矣。其後，君主權大，先聖不得已以天統君。故藉天象以警戒之，亦不得已之事。故歷代天官五行之志，皆主占卜。今以地球大通，百國平立，君主繁多，漸改民主，或只立議長。進而知吾地蕞爾，僅爲日游星之一，豈能以諸恆星應一國百官之占卜乎？可笑事也，皆不必辨，更不引徵。

古以分野言天之謬

分野之說，其謬尤甚。吾中國僅當大地八十分之一，地爲日之游星之一，日爲二萬萬恆星之一。豈能以恆星爲州郡分野？實堪駭笑。蓋在左傳，「歲在星紀，而淫于玄枵」，「姜氏任氏實守其地。」已發之，故有周、秦、齊、楚、韓、趙、燕、魏、宋、衞、魯、鄭、吳、越等圖，甘德、石申乃分配十二分野。至張衡、蔡邕、鄭玄、陸績，又以漢郡配，唐李淳風、僧一行，又先後以唐州縣配，與舊異焉。宋明史因之，皆大謬不足辨也。

地篇第二

人生于地之樂

登高山而望巨海，羣峯合沓而青碧，川原交錯而文繡，紫瀾激蕩，浩浩汗漫，極目無涯。吾人歟羣花萬卉，鳥獸蟲魚，凡胎生、卵生、濕生，詭狀異形，億萬兆京，並棲同育，游翔飛行于其間者，非所謂地球耶？仰而望之，五色雲霞，舒卷麗空，萬里長風，扇和蕩通，震雷走霆，垂雨駕虹，天光瀉影，氛靄烟濛。日月並照以生萬彙育羣蟲，既悦心而娱目，亦養體而舒中。吾人生于此地，不假外求，不須製造，而自在享受于無窮，豈非人生之至樂哉！假令生于金星，則只有兇猛之奇獸大龍；生于火星，未知文明之學藝物質，能比吾地今日否也！故今吾地可樂。

地爲繞日之游星

是吾地也，含宏光大，品物咸亨，果從何來哉？蓋自日所生也，爲繞日之游星也。日所生之游星凡八：最長曰海王星，次曰天王星，次曰土星，次曰木星，次曰火星，次爲吾地星，次爲金星，次爲水星，與吾地星，皆爲日所生，以日爲父。吾地星者，爲日之第六子。海王星、天王星、土星、木星、火星之弟，而金星、水星之兄也。癸亥年，西一千九百廿三年，美國天文學教授Soia沙萊發現一新游星，在近日處，大三千五百英里，名佛爾指Vuican。日中向有一黑子，此星卽日之黑子離日而成游星者。蓋日今年所産子，而吾地新添之幼弟也。是游星有九矣，未審確否，始附記于此。

地上人卽天上人

於文星從日生，吾地既爲日所生，而爲一游星矣。吾人夕而仰望天河、恆星，其光爛爛然，又仰瞻土、木、火、金、水與月之清光粲粲然，謂之爲天上。瞻仰羨慕，若彼諸星有生人者，則爲天上人，如佛典所稱之四天王天，三十三天，談摩天，忉利天，兜率天，自在天，他化自在天，少淨天，徧淨天，廣淨天，廣果天，大梵天。其生此者，號爲天人，尊敬讚慕，歎不可及，樂生其中。豈知生諸星之人物，仰視吾地星，亦見其光棱照耀，煥炳輝煌，轉迴在天上，循環在日邊，猶吾地之仰視諸星也，猶吾地人之讚慕諸星之光華在天上，爲不可幾及也。故吾人生于地星上，爲星中之物，卽爲天上之人，吾十六萬萬人皆爲天人。吾人既自知爲天上之人，自知爲天人，則終日歡喜極樂，距躍三百，無然畔援，無然歆羨矣。

地至小爲吾人之家古言天地相配大謬

吾人既生于吾地星，則大地全球者，吾之家也。夫吾之家也，豈可不知之也。昔之人未有汽船也，未有遠鏡也，無以測知地球之域也，無以測知日星之故也，以其戴天而履地也。因肉眼所限之力，仰觀蒼蒼者則爲天，俯視搏搏者則爲地也。不知地之至小，天之大而無窮也，故謬謬然以地配天也，又謬謬然以日與星皆繞吾地也。開口卽曰天地，其謬惑甚矣。曰父天而母地也，乾父而坤母也，郊天而壇地也，雖大地諸聖，未能無蔽焉。各國古曆，莫不誤于天地從同同。

發明地繞日爲哥白尼發明吸拒力爲奈端功最大宜祝享

知地之爲游星繞日也，自明末意大利人哥白尼創明也。在明末，西一千五百三十年也。利瑪竇來華，尚未知之。夫破天下古今公共之天地說至難也，哥白尼且因此下獄焉。然事不離實，遠鏡之發明日精，天文測驗之證據日確，哥白尼卒釋出焉。微哥白尼乎，安能知地之繞日乎？則吾茫昧于父日祖天所自來，吾又安能通微合漠，盡破藩籬，而悟徹諸天乎！故吾之于哥白尼也，尸祝而馨香之，鼓歌而侑享之。後有伽呼鼇路者，修正哥白尼說，益發明焉。至康熙時，西 1686 年，英人奈端發明重力相引，游星公轉互引，皆由吸拒力，自是天文益易明而有所入焉。奈端之功，以配享哥白尼可也。故吾最敬哥奈二子。

地能生出而繞日由吸拒力凡游星同

吾地之生也，自日分形氣而來也。日體純火也，火熱至盛，則爆裂而分離焉。離心之拒力既大，故地能出日之外自爲星，而日熱之吸力極大，故地星仍繞日而不能去也。故爲繞日之游星，凡海王、天王、土、木、火、金、水諸游星皆然。各循其先後離日之軌道，而爲外內環轉之次第焉。吾地之離日，在海王、天王、土、木、火各星之後，而在金、水兩星之先，故軌道近日，在火星之內，而居金星之外也。水星又在金星之內，最近日。吾地曉見金星，昏見水星，至明，以其近也。施華路舍吐謂，流星集團成日與游星。吾謂各游星與日，質有不同，故有光無光異。謂日爲流星所集，或有然，尚不敢必也，各游星則必從日分出，故不從之。

地爲氣體分出

德之韓圖、法之立拉士發星雲之説，謂各天體創成以前是朦朧之瓦斯體，浮游于宇宙之間，其分子互相引集，是謂星雲，實則瓦斯之一大塊也。始如土星然，成中心體，其外有環狀體，互相旋轉，後爲分離，各成其部，爲無數之小球體，今之恆星是也。我之太陽系亦然，當初星雲之瓦斯塊，自西回轉於東，其星雲漸至冷却，諸球分離自轉，遂爲遊星。在中者爲太陽，其周圍有數多之環，因遠心力而分離旋轉，其環則成衛星。故凡諸星之成，始屬瓦斯塊，地球之始亦然。最初高度之熱瓦斯體，逐漸冷却而成液體，更冷則表面結成爲固體矣。其旋轉之方向，仍以太陽爲母體，依舊自西轉東。此是韓圖與立拉士之星雲説，或謂霞雲星説，或稱星霧説。然近頃真巴連與摩路頓，謂太陽系之成於螺旋狀星雲，以二太陽之互相接近，各以其引力而生潮汐運動。由太陽之實質，迸出螺旋狀，而爲迴轉，其後漸爲凝集而成遊星。後之學者更信其説，卽名之爲新星霧説。

地有熱力故能自轉人見與日向背號爲晝夜

吾地星既分日之熱力而來，其熱力大矣，熱力大則不能靜，而有自動力，故能自轉也。每一秒時，可轉十一粁。粁爲法國度，一千米達。以其文簡明，故從之。下仿此。其距日也，每一秒時四十二粁。吾地以自轉而成晝夜，以繞日四游而成四時。吾地以自轉，故轉至向日時則光明，吾人號爲晝焉；轉至背日時則闇黑，吾人號爲夜焉。每二十四時爲一轉，實則二十三時五十六分四秒，經一年間長一秒時千分之一。吾地以自轉故，與天空相磨，磨之既久，故體圓也。如製陶器然，轉而磨之，體自圓。然南北極皆扁平，以不當轉處也，故地遂成橢圓形。然又爲他星電所吸，故南北極磁力斜倚也。舊説據目所見，皆以地爲方平匾形，自西千五百十九年，墨領乃周繞地，乃知爲球形而圓也。然吾周髀云：「中高四隤，三光隱映以爲晝夜」，先發地圓矣。

地自轉久中間有遠心力故赤道較大

地自轉既久，中心微漲，漸有遠心力，故赤道較大。西一千九百年，萬國測地學會會長德人路美路透，于全球設測候所千三百所，垂直線而緯度方向偏差，日本設測候所百餘，緯度偏差亦同。惟各地偏差者少，海面高處，緯度偏差，重力所引，深入地中一百二十粁，過是則無差矣。

地自轉三百六十五次乃周日故成歲上下東西四游故成二分二至

地雖自轉，然爲日所吸，故環日而行。經三百六十五度六分十秒，然後繞日一周，是地之軌道也。吾人號之爲歲。昔人誤以爲天行之度，故圖天度爲三百六十度也。當地繞日時，行至距日低沖處近日，吾人謂之冬至。昔人誤以爲日北至者，在北半球甚寒，而在南半球仍甚熱也。地行至距日最高沖遠日處，吾人謂之夏至。昔人誤以爲日南至，在北半球甚熱，在南半球甚涼也。當地繞日與日平，在東時，吾人謂爲春分，在西時，吾人謂爲秋分。在北半球以爲春生者，南半球以爲秋成，北半球以爲秋成者，南半球以爲春生也，是地之四游。昔人以爲四時，蓋由地繞日而成之也。

地自轉有軸其兩端爲南北極測之爲經緯度子午線

自赤道至南北各二十三度半之緯線，是謂回歸線。北回歸線是夏至線，南回歸線是冬至線。南北兩回歸線之間爲熱帶，自南北兩極各計二十三度半之緯線，爲北極圈與南極圈。在其兩極圈與兩回歸線之間地，爲一南温帶、一北温帶。兩極圈與兩極之間地，一爲南寒帶、一爲北寒帶。然而緯度以赤度〔一〕爲零度以爲九十度，因之温帶自南北二十三度半至六十六度半之間。所謂五帶者，南北兩温帶，南北兩寒帶，及熱帶是也。

〔一〕按，「赤度」當爲「赤道」之誤。

地球地軸之中心，傾斜在六十六度半，其運轉之速一秒時走四十六里而不稍息。然地球迴轉之故，因地球之赤道較他部稍膨漲，太陽之引力偏向赤道，强引之欲令地軸端正而轉也。而地球自轉不息，且反抗太陽，故其結果成爲地軸之迴轉。而兩極轉縮，亦由迴轉所致也。

地爲他星所吸故南北斜倚

地之磁力，既爲他星之電磁所吸，而南北斜倚，地自轉二十四時，實二十三時五十六分四秒。故地雖自轉，而南北極以半年見日，而半年晝焉，半年不見日，而半年夜焉。當夏六月，吾游那威之那岌，當經度之七十二度也，深夜十二時日落至海，暮色蒼茫，日忽復升，光彩晃昱。吾在瑞典士多貢京也，地在經度六十三，夏夜極短，僅三四時，冬日極長。其餘一切晝夜之長短，皆視其距赤道經度之高下。若赤道，則晝夜必均焉，其距赤道近者，晝夜稍均，其距赤道遠者，晝夜亦不均焉。

地轉故成風

地以自轉，故成風。惟風能生物，惟風能掃穢，風之爲用大矣哉。地爲日吸，故轉向東，故北半球風向北東也，南半球風向南東。當緯度三十度至四十度間全東向，故成東風，其高在三四籵至十籵也。熱帶海面之熱上升尤急激，適過地之自轉，遂運成渦形，故發颶雲而成颶風，其高在七八籵也。若地不能自轉，則無風，而萬物不生矣。

地殼所由成

吾地星既自日分氣質而來，日全氣體爲火，故地之中心亦皆爲火，故熱力極大，有拒心力，離日自轉，于是與天空氣相磨，積久則凝成外殼矣。如牛乳流出，即凝成面層焉。蓋以高熱爲溶岩，漸冷爲岩石，積之日久，則外殼積層厚矣。然地心火力沸動，不能閉塞也，故爆出而爲火成石。天空之水蒸氣相遇，遂成爲水，而水成石出，岩石遂層裹焉，漸流而爲川爲海。地中之火頻爆起而突出，是爲火山。其離心力蜿蜒而行，有幹有枝，然其吸力引回，故支山皆左右迴抱焉。凡火山必中凹，今幹山之顛有天池者，皆是也。于是萬山奔走，萬川分流，海陸凹凸，備極奇形。山之最高者八千八百米，海之最深九千六百米。然總地面凸凹高下，不過十粁，而吾人與草木鳥獸得以生養、居游、娛樂于其間。

地與海陸之徑

吾地星之大也，周九萬里，徑二萬八千六百四十七里又九分里之八，爲法國之一萬二千八百粁。半徑一萬四千三百二十四里，法則六千四百粁。其在諸天之中，渺乎至小矣。地平面五十一萬粁，面積可容月一百個。若以地内爲空虛，可容月一百個，若以地内爲空虛，可容月四十九個〔一〕。地面縱有高峯，只能比一尺之九毫。海三十六萬五千五百粁，陸一十四萬四千五百粁，以全地百分分之，海當全地

〔一〕按，兩曰「若以地内爲空虛」，然一說「可容月一百個」，一說「可容月四十九個」，文當有誤。

七萬一千七百分，陸當全地二千八百三十分。此區區之地，就令全統御之，爲全球大帝，置于諸天，小比何物？而分爲百國，互相爭奪，日刈同胞，力征經營，自誇功伐，銘金勒石，欲垂後世，豈不大恥哉！若法之拿破侖，德之威廉第二，抑何可笑。而秦皇、漢武、成吉斯汗更不足道也。

海之深廣及海水之重量

海深平均爲三千五百米，最深爲九千六百米，其汎濫全球之大二千三百籽。海水重量，比全地球五千分之一。其海底水壓力，約三百五十氣壓。水之浸入地中也，略七十籽，滋潤漸清，石沙泥土不能隔禦之。當海水二十之一，其重量當全地十分之一。

地與空中水蒸氣之量

地之全質量當容積之水五倍有半，空中水蒸氣之壓縮成水也，當海水萬分之一，當全地面二十糎之深也，當全地質量五千萬分之一。空中水氣與地面水，循環成之。

地上氣象圈等温圈窒素圈水素圈之高度

自海平線起，地下略十籽，皆岩石層也。地面高十籽，爲氣象圈。凡山海江河，受日之蒸氣，化而爲雲雨，激而爲雷霆，蕩而爲風，皆在此圈中矣。水蒸氣遇電氣，則急激增大爲雷電大雨，亦不能出十粁之圈外。自十粁上而至五十粁，爲等温圈。其度至高，水蒸氣之變化無風雲雷雨攪亂之，故其熱度至匀，故號爲等温。人造之飛船氣球，高度至此而止。自五十粁以上至八十粁，謂之窒素圈。極光可高至六十粁，地向東轉，故東風可至七十粁。爆發之微塵，高可至八十粁止矣。自八十粁以上一百二十粁，謂之低水素圈，流星之飛行在此圈界。自八十粁上至四百粁，爲高水素圈，亦同隸于水素圈也。此百二十粁，爲大氣層，卽電氣之導體，以其南北流引起電流。蓋赤道距十一度間生磁石，于是引電氣之永遠化也。

地心及原質

荷蘭赫京地震學會會員集議時，據律結德教授所述，地震之原力由地心至球面，其顫動之速率絕不一致。由是推測，知地心或屬鐵、或屬銅，其徑對五千五百八十英里，外裹石殼厚九百三十英里，石殼外層與近金類質之間有流質一層，距地面約二十英里。地下岩石層之包裹地心也，略一百二十粁，地上之大氣層包裹地面也，略一百二十粁。其地震噴火在其中，略當五六十粁間，蓋一絕大之蒸氣機也。蓋地內之熱，每深一粁增熱三十度，十粁則熱三百度矣，二十粁則熱六百度矣，四十粁則熱一千二百度矣。雖有岩石沙土隔之，然地下自鬱伏也，遇地裂之高壓，或震或裂，于是隆起而突爲山，降下而陷爲湖，或噴爲火山，或開成火路。海面尤多，故近海之地震與火山亦多。皆在四五六十粁間。蓋熱力磅礴鬱積至極，自不期然而然也。若將來熱力消，則地冷縮枯槁如月然，恐生物滅矣。吾故以萬物生于熱，若冷則死矣。故熱爲萬物之本也，生物之原也。

地之壽

地之壽也，以水成岩層計之，海底年年增層厚及自河送入泥層計之，或以河水入海體量與海水中存鹽量計之，或以礦中生物及中能放射物之崩壞者比較計之，或以火成岩水成岩之礦物計之，以爲出自百兆年、五十兆年者。然古者日之熱力或倍于今百數十倍，或數百倍，以礦物推測，亦未足定也。有水成石，然後有生物。人之遺骸，亦自水成石之地層始見之，不知經幾百萬年也。蓋自大木爲煤，大鳥獸之後，幾經進化，而後見之，其與狐猴之骨別異，已在三十萬年矣。有謂在千二百萬前。有謂地近時漸將變爲彗星，略有曳光。

月篇第三

喜吾地有月

晦夕而夜游，冥行躑躅，山川冥冥，嘉花美木之英英，異石清泉之泠泠，皆不得見，溪澗溝渠，深池淵潭在前，且陷溺。假吾地而無月也，吾人惟卜晝而不能卜夜，失其半樂，豈非大憾哉？假吾地如土星之有九月，木星之有十月，光耀如晝，昔昔皆有，豈不尤勝！今雖不能，然猶有一月慰情，聊勝無也。惟月無熱，故清光照人。步月登山，泛舟游湖，賞花聽泉，園林山水，皆賴月色。日資民生之用，月助民生之樂，美哉月也！

月爲地生而分體至親

自吾地望月之大，幾與日比，故昔人皆以配日，而日月並稱，在諸星上。然月實吾地所生也，以自有離心力，故分氣體于吾地，而離地自行。然爲吾地吸力所引，故環繞吾地星而行。猶吾地與土、木星之離日自轉，又爲日所吸，仍繞日而環行也。其自地分出，蓋五千萬年，與吾地有母子之親；其相距至近，七十萬里，故朝夕互相摩盪而生潮汐。觀于潮汐也，吾地之與月，無時不引攝交通，推襟送抱也。達爾文謂太平洋爲月出生處，吾每過太平洋而望月，輒俛仰感慨于無窮也。月之大八千里，小于地五十分之一，其質量當地八十分之一，其重量三十四分之一。或謂月小于地八十倍。其自轉以一月，以十五日上弦爲一晝，十五日下弦爲一夜，若其從地而公轉也，亦二十四時。

月分體時是氣體抑液體

諸星皆有成住之由也，其成有氣體、液體、凝體。太陽以上諸星，氣體爲多，地與月之始，皆有能流之液體，久而凝爲質體矣。外殼雖堅凝爲質，中心仍爲流動之液也。地月本爲一體，若分體之時，以何分乎？分體之時，是氣體乎？抑液體乎？論者皆不能定之。

月轉及潮

喬治達爾文月之大家也，其曰：假地月全爲液體，合而未分，則合體之自轉甚速，久之分成月體。假地月相距得地半徑二倍有半，猶相切也。計分體未久，月之自轉與運轉，與地之自轉亦同速也，算之當五時三十六分而一周。彼時地月皆同液體，互相吸引，遂起大潮。地月大小既懸殊，吸力亦懸殊，則潮汐力之强弱亦懸殊。遂生三事：地自轉之速漸減，一也；月自轉之速與運轉之速漸減，且其減遠過於地，二也；月離地漸遠，軌道增長，則其轉運速率自遠減于自轉，而潮汐之大力掣曳之使相同，且令月面常以半向地也，久之月離地遠距至六十地半徑，如今月高也，于是月軌之兩心差及黄白交角生而可測之，三也。夫月體之重，當吾地千分之十二，故地引月潮之力過于月引地潮者二萬二千倍，則月中潮之盛可想矣。北安加來所推日引地潮，遠不能比之。吾不知木、土之月潮力若何。若地月之潮，吸力至大，故引月面向吾地。惟地潮之故，並令月自轉與運轉等速。拉白拉斯與達爾文不約而説闇同，亦幾可爲定論矣。自月分體至今，達爾文以爲五千七百萬年，雖非確定，然置之天空，亦至短近之時耳。

月漸凝成殼

月雖外凝，潮力猶能歷久而不減。融液之球，外殼雖凝，内液之伸縮成潮無礙也。因潮減速，外殼猶薄，故潮汐所掣薄殼有彈性，自然凸出，外力不過其限，則外殼自不致破也。月初凝時，地之重八十倍之，其熱甚盛，于時月離凝質不遠，與地互吸生潮，月質只凝于外，甚輕且薄，其熱不盛，于是今月中之山海景象成焉。

月地初凝，當先外而後内。地學家謂，地剛性與其彈性與上鋼比，是謂地心已凝實也。又謂岩石凝時比重有加，故堅凝于流質之面，當下沈而不當上浮。然地心縱不可全測，若全爲火液，故地震裂成火山，流出火或五金之汁，足明地心非實也。至石不下沈，則外有吸力，外有拒力。日星吾地猶能上浮，況區區一石乎？持先内後外之説，不能立也。況湖海山陵丘壑之不平，地層岩石之裂積，持先内後外説尤不能通。月與地同，至今只成一殼。

大約月體初凝，月面各成散片，大小無方，球漸冷凝，散片漸相接合，遂成外殼。而球内潮流之力極猛，散片相接不能堅厚，時時破裂。惟潮力有恆，故球面衝裂必有度量分界。今其流東西間者，裂必近南北，其旁流，則近東西，則有吸力爲之，其有不定之度，則別有小節也。凡外殼裂時，裂中火汁外溢，適冷卽凝，遂成長嶺。或洋溢四出，下流所歸凝成大片，故類方格。今所見月面四邊形，或斜方形，其象皆殘缺頹廢，足見極古，蓋成月之初期也。然內火汁時時跳動蕩突，球殼隆起，或崩騾，或噴發爲火山，則次期也。

外殼日漸加厚，潮力日漸減弱，潮汐之周期日漸加長，于時月之距地日遠，月之自轉亦日緩。久之，潮汐之力不足勝外殼之彈性，殼日堅厚，不爲潮汐所決裂，于是內汁永爲外殼所包矣。然內汁既爲外殼所壓迫，又爲潮力所激盪，時發極熱之氣質，震動衝擾，漲縮無常。或內汁冷縮壓迫而成空穴，互相消長，變化無窮，而至今日。

月之蒙氣甚稀薄

地月同爲一體，地有水氣，月應同之。而今測月蒙氣極稀，水枯無跡，若不可解。惟月雖出于地，水氣之分，依其體量之大小，爲得水氣之多寡，今考月質容積得地千分之十二，則月所分得之氣水，亦只得吾地千分之十二而已。所得氣水既少，則外之蒙氣易爲諸星所攝，內之水氣易爲岩石所吸。蓋原子量益小，熱度益高，易于飛越，故月面水氣非滲于內，則散于外。當其外皮甚熱之時已然矣，況至今日乎？故月面卽尚存蒙氣，亦疏薄等於無也。

月之熱極高

月面之熱度，論者紛紜，然實未能測定。以月距之遠，即有熱度一百分表之百度起落，尚不能察也。然亦可假吾地之熱度以推月。吾地赤道正午，地面受日光三四時，熱度雖難確定，然人肌必不能受，必立百分表五十度以上，每米平方，每時內得熱 193 大加路里，熱量單位。可令一法斤清水升高一度之熱。此熱力可令土熱增高，幸有風流盪，土質內引，地面耀射，故能令地面熱度各隨土壤之異而有定。然正照日光三晝夜，則百分表升熱至八十度以上矣。地有蒙氣包之，熱尚如此，月既無蒙氣，又半月爲晝，然則月面赤道之熱，必甚高而過百度矣。

月之夜甚冷

若其半月之夜，所得極微之星光，與吾地之返照，得熱甚少，又無蒙氣保熱，況論雲霧，故無雲之天，數時之耀射減熱已多，則月面長夜中冷，降至冰點下五十度外矣。計其晝夜熱度之相反，在一百五十至二百度間，其土必因冷熱而變色。故柏拉圖山之壞日光愈高，其色愈晦必矣。故環山因處寒暑，而土石崩隳，理之常也。

月光之半面及上弦下弦

月生于地，地塊然無光，月亦塊然無光也。其光也，皆自日返照而來。日之照月，只及其半面，或少過耳，故吾人祇見其半面。然月繞地者，故隨繞地之位置，而見盈虧焉。月繞地而地繞日也，故月處地日之間，故月向地之半球不受日光，光當體隱，晦朔是也。月在日東距九十度時，受光半球之半向地，吾人見半輪如張弓然，所謂上弦也。及日月相對距百八十度，地在日月之中，見半球光滿，所謂望也。月又東旋距日二百七十度，月升東受太陽光，亦見半輪，所謂下弦也。

月當朔望之食

月在地日中間，或地在日月中，成一直綫，兩影相掩，必在朔望，所謂食也。近日之體，隔光投影，成闇虛圓錐，遠日之體，經圓錐而過，或在錐尖外，亦必經其外虛。惟雖在朔望，地與日月有南北差，兩不成直綫，不入黃白道之交，則不成食也。地平面日黃道，月平面日白道，月非在交綫，不經黃道。然日月之食，不必月直兩交確當錐心也，但月近交綫，或地或月之闇虛圓錐已互侵，而成食。故月望之時，月非全盈，論東西則爲望，然其南其北，必有一綫隱而不明，侵入地影外之虛中者。

月隨地繞日亦行橢圓

地能自轉而成晝夜，其轉自西而東，故見日月諸星皆自東而西也。其繞日一周，則軌道爲橢圓，而頗近正圓。月自轉與地無關，若其隨地繞日，亦行橢圓，而近于正圓也。

朔周月周之日時朔周大于月周

月之繞地，二十七日八時一周，而兩朔兩望之間，則二十九日十二時四十四分乃成朔周。蓋月與地日及一恆星在直綫上，則月必望而食，既又二十七日八小時，月已繞地一周，地月與星又成直綫，同在黄道垂綫上，而月必後追日乃能相望，故朔周大于月之繞地。

月自轉每歲十三晝夜惟亘古以半面向地

月能自轉以成月中晝夜，亦以二十七日八小時，歲凡十三晝夜爲月。然亘古以一面向地，則有一面背地，若南北極，然吾地之人只見月之半面而已。惟所見較半球稍廣，蓋有天秤動也。

每年月轉十三晝，向背如吾北極時，朦朦清光照我地，只粧半面學徐妃。

月有天秤動

月所以有天秤動者有二，今考驗地者，皆分南北爲赤道，分東西經線爲中經線，亦爲首經圖。考月亦以度紀之。在赤道者，北爲正南爲負，西者爲正東者爲負。于赤白交處爲月輪心，然實則月輪心不常在中央，恆轉側進退于月心之左右上下。故月輪東西南北之邊，皆有一部時隱時現，即天秤動也。蓋月自轉有平速，然又繞地爲地所吸，運轉又有遲速，而兩者周期必相合，故有時自轉速于運轉，有時運轉出于自轉，故月輪心必見東西轉側。又月軸非正垂于白道，而與其正垂線斜交七道，故月之兩極亦時隱時現，猶之吾地軸亦非正垂于黃道，對于日亦時隱時現。特地軸與黃道交角大，月軸與白道交角小，有少異耳。吾人觀月有南北早晚之不同，不在地心亦能令天秤動有加也。月之橢圓，以隨地繞日，故常以凸勢向日。假若地不動，則成橢圓，若今隨地繞日，非真橢圓也。

名月中山海自西十六紀利霄黑

月之名其山海者，歐土古人甚多，以氣象學及人名爲之，自十六紀利霄黑也。其小者未名則甚多矣。今譯測量，則用法度米籵。吾營造尺三尺二寸合一法尺。

望時日光烈不能考月

月望時考月，非清晰也。以日光正烈，影不可見，廉隅輪廓難辨。然迴光線有異同，亦可考。若以大斑點爲海，蓋海面中高邊低，故望之微晦也。海壑最深者，皆近海岸。吾地之海，亦中高邊下。

月中諸海

月之名海者，以其窪下，與吾地海同。惟月海久枯，計其初成海時，水量已無幾矣。月海布勢，亦與吾地有相似者。吾地海趨南北，有大西洋、太平洋，于正交方向，則有地中海、黑海、裏海及諸大湖。

月則東有雲海，繼以颶洋、雨海、寒海，至北極橫出，則爲晴海、沃海、變海自有一帶。海與山之異者，在其幽晦平坦，崎嶇險阻，與環山高原之磊砢崎嶇異也。自中央凸立外，其海中高處兀立之島，亦與大原山脈不接。然經光界曲線甚著，此卽海面高下不同之故。蓋其升降勢稍緩，亦非平也，惟海多正圓形。西之變海，東之濕海，近中之晴海，可見東方諸大海，幾遮月之右半大部分。凡海岸完好者皆成圓弧，蓋皆衆海交加所成。故可推諸海初成皆爲圓象，此月土壤舊史之要跡，猶可考也。

月海中有井

月海所特異，更有一事，曰井也。其徑一粁至四五粁，深不可測，計必有更小者，但不能辨見耳。濕海亦有多井，四周有小白暈，雖日高，望之可見，如小光點。若哥白尼山四周，羣井羅列，井口小而邊不突起，惟近光界乃可辨見。

月中圓暈白路最奇

月中最奇者，圓暈及白路。月之南有第谷山，一環皎然，四周有暗淡圓暈，包峯頂之環垣更見白路如輻，四出諸峯如轂，有數路長及三千粁幾萬里矣。其哥白尼山、刻白爾山白路亦顯，但不如第谷之長耳。始疑白路爲火山，惟其徑行必作直綫，雖少有崎嶇不平，或是越峯巒，或就平坦也，然必非火山噴液矣。或謂是火山飛灰奔射高空，隨風飄颺，噴一次則成一路。月面重力只當吾地六分之一，而氣體伸張則同，飛灰至輕，吸之易高，故引至天空，望如白路也。然至萬里之長，似非飛灰所能及，況風之無定向乎？此則終未易解也。第谷、哥白尼皆見圓暈，此或是火山飛灰，故顏色暗淡，或體質較重，如飛砂小石，但所蓋之地面亦磊落不平，則當是飛灰也。若白路誠爲飛灰，則月中舊火山猛烈雄大極矣。蓋此等白路徧布月中，若變海東之不洛克路，晴海南之梅内拉，西北之太來斯，北之阿拿西芒特，皆見白路也。

白路緜延萬里長，最奇第谷發光芒，若是飛灰滿月面，火山舊焰烈飛揚。

又一類環山，當日升時成一光明圓暈，而中心微暗。有時中心甚小，爲光暈所掩，竟成一光點。其光明與白路同，性質亦相類，意是火山不猛，飛灰落近處，或者噴射已在近世，月面蒙氣稀薄，灰不高揚歟？

月之邊光勝于中

月中又有一奇，月邊之光明常勝于中，實不可解。或散光迴射，或土壤質殊，要蒙氣必甚稀也。譬日行天中正午則光强，近地平則光弱。今月圓時，月中見日在天頂，月邊見日在地平，假蒙氣稍密，則必月中受光强，月邊受光弱，因光綫經過之氣層不同也。今也相反，則月面蒙氣必稀。更有一證，月經地與一恆星間，恆星向月行，而星光不受折、不減弱，至月邊，始安然而没。若月有稍密之氣，可以計算，必不然矣。蓋月之水氣二者皆已枯乾，意古者必有未枯乾時，山海必有水蒙氣仍密也，不知經千萬年而成滄田。

月之坼如細線四百二十五條

月中有細線四百二十五條，矢彌特在雅典城測月之溪，于弓芹環山見之。然無水痕，稱溪不似，以極微細，只得稱爲坼也。英天文學會稱曰坼。

月之山與地異者皆作環形

月面皆山與海也，引遠鏡瞭之，環山奇聳森觸，星羅棋布，皆如吾地也。其山作環形，蓋皆火山之舊噴口。勒未、比垂二家曰：月面至奇，在其環山孤高兀突，旁無溪流，行無山脊，與吾地不同，固有爲火山之噴口，而不盡然者居多。蓋月面小而壳薄，內熱易漲，外壳多伸張而益薄，一部隆起，地面不能舉者，月面易揚之，故物質輕而壳易隆起，形若圓穹。及內熱銷縮，則圓穹下陷，各隨其穹之度量面積，而陷作周垣成環形，其或崩墮多次乃成內。

月中最奇者環山也，或謂隕石如流彈所成，以與高空拋炸彈相似。然何得如此之多，而吾地無之？或謂此隕石出于繞地之衛星，以月體爲最巨，故吸衆星而歸之。

蓋月球內凝，壳下空虛者甚廣，始或有氣充之，及其後散，則下無抵著，久必崩隳。內空之體常近圓，則空虛之球面亦當中規，故崩隳亦帶圓形。惟球面甚廣，不能一旦頓沈，則分裂下潰，落汁上冒，懷山裹陵，故高峰外露，而與外嶺脉絡不通矣。有時崩山環垣未破，而半没海中，若液海、濕海、雨海之濱，阿奔甯之脚之濱決裂，海面下侵溶汁之中，對岸之勢有掀起裂處。夫流質内滲而化氣，氣力内漲則外殼隆起，加月面吸力小而物質輕，故地面不能舉而月面舉之，此月殼所以多隆起也。而隆起則爲圓穹，因頻伸張而益薄弱，及内氣消散，穹卽縮陷，各隨圓穹之度量大小堅脆而崩隳，遂成周垣。由一陷而數陷，遂成内陂之階級，于是山成環形而有層級。其力重不沉，溶汁上溢，則成大平原幽晦之象。圓穹既爲月殼虛弱處，穹之中心尤爲弱極。當穹未壞時，内氣漲力擠溶汁入圓穹下，其勢偪極破殼而騰上，遂成環山之中峯。以圓穹中爲最弱也，故溶汁累累破殼而出，一次多一峯，累次則成羣峯矣。其後圓穹全縮陷，遂有中峯在環山中。或當圓穹下陷之際，溶汁適冒出，亦可成中峯。羣峯此等激射穴口，屢屢噴發，如吾地火山然也。環山之説，當以此爲定論矣。

月中景物亦有變動者，墨樹與墨樹中二環之變動可據者。此外測見變動者甚多，或測者光照之不同。要之測鏡日精，今猶未也。譬月中小物，雖今歐美精鏡，亦不及見。月地距處，弧度一秒，得月中十八米。天氣佳時，中國佘山鏡可見月中一二粁，歐美佳鏡或可見二三百米之物。吾在德柏林天文臺，見海邊砂石矣。

于美德天文臺，見二三百法尺之物象。今月圖説多採佘山法人蔡尚質者。

環山内外斜勢徐緩，向内峻急，内陂又有階級者所同也。如哥白尼山四周岩谷雜出，岩勢向外原遠引去，疑爲水流所激，然谷底有甚高不類溪流已竭者，谷兩旁亦無雨水跡，此爲特異。其一則爲平原環山狀，類海而有多井，若北之柏拉圖山、亞奇默特山，東之格利馬提山，西北邊之亨保特海是也。蓋環山成形時，溶質流出，浸成大澤，不過以其大小姑别名，山海體實同也。二爲有中峯之環山，其徑自二十米至二百米大者皆有之。蓋大火山噴口中，又有小火山突出也。惟中有塊壘崎嶇，似未盡爲溶汁淹者。又三爲内無中峯之環山，而多陂陀磊砢，不類海者，如克拉維山是也。四爲圜原之環山，略具外圍，而垣不整，若孺略、凱撒，東北邊之屋得斯陀拂，東南邊之罷異是也。

大約環山之高卑强弱，足以測環山之古近，與成形之先後，要必爲内溶外凝之硬殼。但諸環先成者，必卑薄不堅，以月殼初亦薄弱也。其環垣高堅者，乃月殼漸厚，非大力不能破出也。若其完整如新，則最近者。亦有顯成于海先者，蓋一部爲海波所浸痕迹尚見。若愛拉多斯與哥白尼之間，近光線處高不過三四十米耳，環山異處有直列若聯珠，與子午向不遠者，或有磁質之相引者耶。或聚于一大圈與一帶，而近於南極，則羣山叢集，近北極則甚少，此不可解。其在海中山，峯嶺突起，四周不相連屬，若雨海中之畢高峯，之東有得内利弗叢山，又東雲海中之直嶺，弗喇摩洛東之李番山是也。一大海邊之大叢山，兩陂不同，若雨海、氣海間之阿奔甯山，其西北爲高加索，北爲阿爾伯，哥白尼北之加伯忒是也。以阿奔甯觀之，太陽升其東峯，頂之影落于雨海，及日落，東西峯皆不晦，見兩陂體格皆絶不同。吾地各山兩陂必同，皆無此怪體也。

月中諸山與吾地異者，無一線之峯脊。阿奔甯似有脊，然無分水，亦如環山中之無水迹。或者有之，而水甚少，不可見，要不可與吾地同觀並論也。

阿爾泰山白線最奇

最壯觀而別有怪異者，阿爾泰山矣。正午望之如一白線，蓋裂處也。從比谷洛米尼起，至加得林止，曲折蜿蜒四百粁，此線爲上下兩原，高卑之差竟至一千二百米。阿爾泰山長白綫，兩原高下四千。又蜿蜒千五百里中，神洲陸沉，想地裂月中，當經地坼陸沉之刦矣。

來本山爲月中最高山

月邊之山皆極高，又一體。月北極兩嶺皆不甚高，惟其東黑西甯山，利霄里東之大朗孛山，南爲岩山陶爾反爾山則近南極之東，其西爲來本之山，高八千米以上，爲全月山最高者。

月邊山勢最崚嶒，北極諸山不拔騰。東黑西甯大朗孛，南陶爾反岩山層。自東卓犖至南極，來本之山三萬尺。月多高山此第一，應與吾地須彌匹。高冠地月相望直，乘風會登來本頂。俛覽全月山海色，須彌低山數倍何足論。月裏羣山皆子孫，來本高高獨偁尊。羣仙輻湊朝上元，吴剛倚桂愁不眠。嫦娥偷藥度青天，白兔躍躍蟾常圓。瓊樓玉宇抗其端，雲將汗漫同盤桓。龍伯大人跨龍鸞，大呼土星之鐵，殿木星之堅，尼未相周旋。

月中地多四方形

月中地多四邊形，且多斜方。雖形不甚顯，不能比環山垣壁之高峻，然其包圍甚廣，環山多在其中。環山垣多倚近四邊形者，四邊形多殘缺，當爲環山後起所毁。蓋四方形最先成矣，當是月成殼時散片耶？其完整者，今月中央有一四方形，南隅勒石力環山，東角黑而環山易見四方形，此四邊之著者。其北極維廉彭特、别明茄末、告爾矢爾特諸環，猶方形完善也。

月殼初凝塊易方，形殘後爲火山戕，月南黑而勒石力，于今方體猶未傷。

月山有谷

月面有山谷，在高原叢山間，凹下狹長。晶大谷在西南，廣十五粁至四十粁，長三百粁，最爲壯觀，似土壤陷成，若歷陽成湖。然若阿爾伯谷，廣十米，長百三十米，如羣山劈裂劃然下落，與晶大不同。月谷有圜平原似環山，而地廣大疆界難定，故不立名。若阿略生西之北原，勢迤而北，韋爾納、白朗斤在其東，阿比安與不來費而在其西，皆是也。

月面有極細紋線，矢彌特以爲溪，在雅典數之四百二十五條，然窺之無有，或是不見，或謂拆文，若弓芹之拆有半拆者。

月中心山海

第一月中心沃海南，晶大、郎格樗、文特林、彼壔、孚耳納利諸環山，自三得孛克間約十八度五百五十粁圖七十鼇，夕陽時可見。文特林環旁，沃海底，陂陀起伏，深壑與岸平行，其南部深入海灣，有克洛榭與彼壔間小山隔之，昔或别爲小海。其東一壑，在克洛榭與閣克勒尼間。

月中心是沃海南，晶大彼壔文特林，陂陀深壑與平岸，南入海灣深更深。

彼壔山

彼壔環山異觀者，形近正圓。今視作橢圓，即其直長徑一百三十七粁，環頂廣一百八十粁，垣高斜不一，北坦平過南，其東垣上有峯，高三千粁，或過之，西垣一千九百米，内坡層累可見，東南皆重垣，中有谷隔之故。彼壔殆舊環已毁，新環乘之，厚此東南一隅，爲舊環遺跡。環内中央多叢山，高出平原一千七百米，内原中高邊下形圓凸，故叢山脚高出垣足甚多。原上勢崎嶇，中有大裂文，自中峯脚延亘東南，越重垣，外允照時見，又有延亘西北者。南垣頂有小環山，是火山噴口，又有極小者。南垣足又有一環山，在叢山西南，其細已甚。北垣外陂尚保舊觀，環成後無變亂，有凹凸線路，自頂下延外原去。此凹線疑爲已涸之河，然與吾地水流漱成者不類。諸谷中障礙甚多，或以爲溪流，不如謂爲一行洞穴也。

彼壔新環破舊環，東南重垣存一斑，北陂保舊凸凹線，長河應乏水湲潺。

比垂山

比垂邊沃海，在彼壔東北環下，而深徑三十五粁，垣高于内原三千米，垣周層累。南端一小口，北端二小口，東西立，皆火山噴口也。三口發光明，白路分射三方，光芒甚高，壓彼壔遂隱。測月大家比垂，卽以爲名紀之。

比垂芒壓彼壔明，火山三路照光精，萬尺高峯聳原野，留爲測月記嘉名。

郞格櫻山

郞格櫻環山之壯觀者，雖面積小于彼壔，而圍垣及土壤之光且過之。故在一二三圖皆有之。彼壔爲陽光所照，不可見，郞格櫻猶可見，故爲第一。徑一百米，或一百有五粁，垣頂徑一百三十粁，東垣高二千九百米以上。内原東部没在影中，惟北端有一層級可見。西垣可見三級，南垣爲一山谷所斷。原中叢山高千米，低處小山頗多。然内原崎嶇，過于彼壔，上有二山，皆有火山附之，有兩光點，向南北兩方射出白路頗長，披第一二三圖見之。斯德文當兩噴口間，其小者在斯德文甲。西垣上見一點白，其一口在孚耳納利東垣，白光易見。斯德文南有高原，及與司納理間之高原，陂陀起伏，及偏布小山，皆可考見。

月心尚有郞格櫻，圍垣高甚壤明光，兩火山光照南北，成長白路射寒芒。

孚耳納利之高垣，雖不及斯德文，然爲正式之環山，非圍平原也，但似爲後起所毁，南端尤甚。垣高自三千米至三千五百米，垣上有峽斷之。一峽在北，近上之火山口，一峽在南，通外原多小山。中央一環山，徑二十粁，此小環中又有小峯。其東長谷及小環，與彼壔間犖确之高原，皆可考也。

皛大

皛大山東爲皛大谷所自起，爲月面谷之模範。自東北亘西南，經墨氏與皛大兩山間，截皛大南端，迄皛大甲之小環南垣止，形似棃實。蓋其南垣山脊沉谷底，故又一環。三得孛克乙今偁勒未，在沃海南，一灣東，徑二十五至三十粁，高一千五百至千八百米，與比垂相望。勒未亦月學名家以爲名。在第五圖。

月谷壯觀推皛大，南垣山脊已先沉，此類歷陽湖陷事，阿爾伯谷陷尤深。

第六幅接第五幅之北變海全部，及沃海、寒海之一部。

變海

變海最圓正，無少破碎，南北長四百米，東西廣三百八十米，南北海面圓凸，兩岸俱低，成深入之海灣，延長處小環山四，一曰比加，二比耳斯，比耳斯A，愛馬德C。東岸一綫黑影，皆高山也，山間皆有峽斷之，中段尤多。其峽通嶺外諸谷，西岸僅見影耳。

月中變海圓無破，海面圓突兩邊低，迤東岸影一綫黑，直走羣山嶺外迷。

不洛克路山及寐澤

變海之東海濱叢山，有小環曰不洛克路，徑三十米，外垣高于內原，二千三五百米間。其圍垣光明有二白長路，光外射，一向東北，一向東南而偏南。在兩白路間有一大地，高出于海，非湖非海，曰寐澤，徧布環山小嶺，山谷以變海、寒海爲界。

變寒海濱不洛克，高垣光射二路白，二路中間闢大地，非湖非海曰寐澤。

沃海

沃海之中北部，海面中高邊下，勢陂陀，少數深穴散布沿岸，深壑廣長，岸形作圓弧。

沃海中北海中高，岸形曲迤作圓弧，深壑深穴皆徧布，陂陀長廣頗如湖。

墨榭山

沃海中少北，爲墨榭與墨榭甲兩小環，今望之兩白點射東。一直長白路，不少曲，似彗星尾。西一八三〇年至一八三七年，培耳及麥特來測見皆同。今一環已改在東，墨榭甲較大，南北稍長，足證月面變動甚急。

墨榭兩山兩白點，射東白路直而長，光芒皆似彗星尾，一山今變已滄桑。

在沃海南，寒海東北之片原，色彩特殊，除達嵛氏及思几之垣，哥希及達嵛氏之叢山外，無峻坡。如兩海成形後，此原爲後起者所變改。達嵛氏與變海濱叢嶺間，有一深入沃海海灣。又寐澤南入寒海爲大灣。

達嵛氏

達嵛氏徑九粁，東高千米，北有隘道在小環山旁，南谷甚曲垣，内重陂多級，中央各有叢山，坡陀犖确不高也，其外多環山。在變海迆北，有克勞默特、部楷特、傑明，克勞默特迆東，連山牛根、陸末、馬喇而提、黑忒勞。

液海

液海　道斐洛　比谷洛米尼　阿爾泰山

液海袤千里，海形猶可尋，其中有洞井，黑穴杳深深。上横白道何光芒，遠自第谷來。相臨海北道斐洛，正圓完整聳高岑。東南古環尤巇崄，垣毁谷斷不自今，疑是道斐洛之後侵。

液海徑三百二十粁，海形可尋，有井。南環山魯司，北山麥特來，皆小山。海上爲第谷，白道所徑，亘普司尤顯。海北爲道斐洛垣，高而正圓，環山最明者。東峯四五千，内原徑百粁，或百一十粁，甚坦平。中峯千五六百米五十粁，周原拓圍之，周垣完整，環山不斷，或隘道高峯，故知非火山也。其東南有古環山，中峯與內原皆高于道斐洛而犖确。中峯與其垣高，遊之其垣屢毀，且爲山谷所斷，其谷引至內原，乃分破，蓋皆破于道斐洛也。

加得林大原

加得林大原在道斐洛東南，然勢崎嶇，周垣不正，高二百米，東北垣一峯高倍之。

比谷洛米尼山

比谷洛米尼，環山之可觀者，內原圓凸徑七十五粁，垣頂徑九十五粁，垣高三千米，有數峯高至四五千米。內陂成高谷，階級分明，中峯低于垣也。第八幅有一谷南北行經中峯之西。其東垣有長曲白線，在第七幅朝日中見白，第八幅夕陽則見黑，兩圖受光異，高低愈顯。則阿爾泰山也。

比谷洛米尼，垣內數峯一萬尺，內陂高谷級分明。東垣曲長見白色，此是隣岳阿爾泰，朝日發白夕陽黑。

阿爾泰山北各山

阿爾泰北東有一谷，東南行經泛墨，而出石瞿之東。在第七幅與光線平行，第八幅光從東來，出地平較高，故谷較淺。

山南近比谷洛米尼，有一大原，徧皆崎嶇突兀。山西爲北里磨，與嶺外之泛麥東西相望起。東南皆羣山，其孤立者斯氏白利也，有利子喇皮勒未、石瞿、林特挪等爲一羣。北有邦斯大原，東垣頗整，南西則陵谷錯雜。中央一小環。又北爲泛麥，東折爲撒壳白士，如其垣及垣內三小環，皆可見。其東南隅羣山爲阿菩非與阿本是喇，其北有傑佩、阿而馬濃、阿菩非大辟山，第十幅西德、剛德、阿而弗喇亢、戴老、特郎白耳、小頓、老頓等爲一羣，撒平、利太又爲一羣。皆七八幅圖西比利牛叢山，延亘白亨倍與瞿旦倍革間，圖西北有衣西陶槳、加貝拉羣山，其東北爲到列塞里海，中有絲少令、馬斯刻林羣山。

月南各山最險峻

月南方，第九第十圖與第三四同，但有朝陽夕陽之別。月中最險峻處，大小重叠，或新或故，不可盡述，今擇要言之。

月南峻嶺萬千叢，第谷高完衆拱宗，白路分流全月面，火山高噴突中峯。

第谷岳爲月中羣山朝宗

第谷，月中諸山所朝宗也，其白路分流月中爲大弧，諸經線拱之，故獨尊焉。其環垣極高完整，此爲火山噴口，徑二三杆，垣高三四千米，內小嶺交錯，中峯突起，高一千五百米。內陂峻有層級，外陂徐緩，壁外突兀，惟色闇淡，非噴液所成。第谷全部徑九十杆，在南緯四十二度，去極尚遠也。

克拉維山

第谷南爲克拉維，月中環山最大者，等于海，惟土性不同，别之耳。壁高三千米，不勻，極東高峯至四五千米。日高時，內原一一景物皆見，甚奇壯之觀也。垣多邱壑坡陀，曲折錯雜，全部徑二百二三十粁。馬芹、龍闍蒙丹在第谷、克拉維間，一西一東，廢環也。垣壁半壞滅，然猶隱隱可見，蓋甚古矣。

克拉維山大如海，邱壑繁多土性殊，內原景物皆可見，壯麗奇觀千里鋪。

子午線三大山

華而托、利喬蒙丹、波爾拔克三大環引一行，在子午線微偏處。華而托徑一百六十粁，內原外壁皆極崎嶇，高峯、横嶺、小谷，羅立垣上。

子午一行三大環，華而托山雄盤盤，內原外壁峗巑甚，横嶺高巒垣上看。

利喬蒙丹稍平，垣東偏北，環不完整，北尤頽壞，蓋爲波爾拔克後起所破也。其存者成平行方形，若隣一圜場，包黑而、勒石力兩山。波爾拔克環完整，西正圓高二千米，東一圜半垣有一階，南北垣則深谷斷之。有南北向之小嶺，占內原之一部。

利喬蒙丹見頽垣，波爾拔克後破之，後起正圓完以整，深谷斷其南北枝。

前三山西有阿略生西韋爾納二環山，高圓峻整，幾埒第谷。原上波折可見，高五千米，中有高峯卑小。波爾拔克之北近雲海濱，爲阿石折，環峻整，高二千五百米，有數峯高至三千五百米。內原平階級可見，中峯壯麗，峯西有小環山。

雲海之濱阿石折，環山峻整萬餘尺，內原平坦級可認，中峯壯麗氣自別。

雲海諸山

阿石折東北有小環山阿而貝他奇，徑三十三粁，垣高三千米，圍內盡爲中峯所占。東部爲雲海，比大得、亥消獨二山，爲海侵毀。海中尼各勒、別耳得海濱，有台別山，中有直嶺，最光明。惜落第九圖外。

第十圖韋爾納西有阿比安、不來費耳，垣皆峻。又阿淑非、阿本是喇、傑珮已見前。

撒克白士各大原，但見輻廓耳。

圖南與第谷同高者，有摩樂里各大環。只見其圍其東之法喇台、斯斗弗婁兩環交互，而法喇台侵之，然後起小環。摩法斯三山，又侵法喇台。然第谷白路成光掩之，故日光高則不可見斯斗弗婁。近西觀其附贅南北環，可認其地位。

克拉維以南諸環皆成行列，陸士德、捨訥、白朗干、格論珮及西撒德、居耳氏自東徂西爲一行，其南培丁几揭、威耳孫亦自東徂西爲一行，加撒德、刻拉抛忒爲一羣，旭耳德、奈端在莫仂德之南，又成一羣。

太陰天秤動有變，觀九十兩圖克拉維或莫仂德距月邊遠近，便知所差甚大。

亞而封所山

第十一圖，按第十圖之北。亞而封所，多禄某、阿巴德倪，依巴谷、阿奔甯山脉，此數山皆環山之大者。亞而封所在阿石折之北，徑十三粁，高垣重級多深谷，截之北與多禄某界處尤甚。內原陂陀，但頗緩。中峯高至千二三百米。西垣脚不甚明，蓋較中部一帶尤低也。

多禄某山與依巴谷阿巴德倪羣山

多禄某四環最大者，徑一百八十粁，垣高一二千尺，深谷縱橫，體勢錯雜，垣不均整，蓋古環之頽廢者。內原平坦，亦有坡陀，有土岡自東北亘西南，內松氏視爲小丘，錯列成行，作圜場形。多禄某山谷縱橫，垣頽古體雜環藏，土岡坡陀平原坦，小邱成列作圜場。依巴谷之頽廢，內原擾亂似多禄某而過之。有霍樂克小環甚峻，必後起者。其南爲阿巴德倪，垣高厚完整過前兩環，于垣影之廣知其高也，惟遠不及第谷道斐洛。東南隅小環，卽後起山，亦生變動。中央叢山頂立，環心向東延長，欣特好里二山新出，甚美，在阿巴德倪、依巴谷中間，似霍樂克。當時同期出者，候亥勒在多禄某北，亦同時後出之山。此屬後起環山，甚多閣亭，與阿克利巴爲一羣。阿克利巴徑四粁至四粁半，高二千米至二千五百米，閣亭垣高同，而山小。

氣海諸山

氣海西爲馬尼里山，與氣海中海灣間，有忒列士内克，氣海東南叢嶺中有於朋德。此圖東南角有莫斯丁、拉郎特，圖之西南角阿菩非大、待嘉德之垣北有載老、特郎白耳、小頓、老頓，西北角梅内拉、須祕西，晴海濱有迦路，在培思而小海中，但只見其垣，不見其峯也。

號芹山

號芹在汽海南岸，忒列士内克、馬尼里適中間處，山甚小，徑三杆，凹下甚深，垣不能見。然爲月中重要者，以有長折文過此環，成一曲之異，月中最易見，蓋多數深井聯合成之者。

號芹雖小汽海南，兩山中處裂毿毿，折文一曲最易見，此爲多井成蔚藍。

月中心海灣忒列士内克山

月中心海灣，此小海耳，惟適在月中心，故特著。其西南偏西海岸不甚明，海偏西一白點，乃極小山忒列士内克，最近中心者，在西經初度十二分，北緯初度五十分。

月中心有小海灣，偏西白點一小山，此是忒列士内克，緯初經首最中間。

雲海西南大維山

圖之東南大維山，在雲海之西南隅。大維東有半沉没之羣山，若瞿利克、彭不郎、巴利、弗喇摩洛，但小而難辨。

雲海西南大維山，東有沉没之羣山，頗苦么麼難盡辨，依稀亦傍月中間。

阿奔甯山

阿奔甯爲月面最著之叢山，亘七百粁，廣二百粁，望如白色長線，蓋嶺脊離東北山十粁，離西南山一百五十米也。西南陂上山作楞格坎弈狀，小環山數處，其極端環山愛拉多斯，高垣三千米至三千五百米，環垣皆全，内原五十五粁，崎嶇不平，中峯叢雜直立，望如人面。

叢山最大阿奔甯，雄崇萬尺里二千，中峯直立如人面，大白一片横嶺顛。

十二圖阿奔甯山西南陂最高峯頂明白甚，其十三十一圖可合觀。見其西北陂，又可分析亞奇默特羣山，高遠不及愛拉多斯。東垣甚光，西垣影落，原内甚大。

暑灣西有一原，其東南又一原。汽海之西南，號芹、馬尼里二環間又一原。哥白尼西南一原。諸地甚晦，或土壤爲之。暑灣西南有二原，號芹、馬尼里與哥白尼其間二原亦同壤，諸土皆晦。

哥白尼山第一壯觀

月中山第一壯觀者，哥白尼也。垣高三千米或三千五百米，南外陂層級甚顯，惟不見水痕。外陂東有二點甚光明，火山口也。內原邱壑甚多，徑七十五粁，中三山其奇者。大白路向外四射，光勢甚盛，蓋火山飛燼所成。除二點外，火山尚多也。始終廣狹不殊，惟頗曲，故與第谷白路不同。蓋第谷火燼落于實地，哥白尼燼落于海中，爲石漿所吸而斷續，故曲也。亦有它火山白路來衝割者。此圖尚有郎子倍革在東南隅，雷好特在郎子倍革、哥白尼中，岡挑在雷好特西南，又東爲岡挑甲。

第一壯觀哥白尼，崇垣層坡盡見之，二白路光四面射，火山無數海之湄。白路光大長似曲，它山白路來衝時，飛燼隨風落海中，石漿吸之斷續奇。光景照耀麗天日，燭龍百萬飛之而。

雨海晴海間加伯忒羣山

加伯忒羣山中，東西兩端有凱呂撒克、勵頁，中有高峯二千一百八十米。東北隅爲雨海，中有歐來、祕泰、朗佩、加里尼、特里斯而、調方德諸山。加伯忒羣山不成嶺，南北延長，亂峯錯雜，深谷縱横亦不統一，多坡似坎穽楞格，不類陵谷。

左爲晴海，多光點，皆深井也。其較明一點，林內小山也。雨海多光點同，亦多井也，與小山別齊、斯密氏及、几刻與畢東孤峯。

晴海雨海多光點，晃昱皆緣深井成，別有一光林内炯，火山照灼發光晶。

此圖有亞奇默特、奥得里各、阿里氏六、噶西尼、高加索，皆論于下十三圖。

第十三圖接十一圖之北，與第四圖同月面北部，自愛拉多斯至北極。

高加索山

阿奔寗山在此圖，比十一圖尤明，其隔一大谷兩大嶺間，高出兩海。南爲高加索山。月中山與吾地山勢之異者，莫若高加索矣。以吾地羣山成嶺，必有山脊。左右必有分水線之山谷溪澗，而高加索只見凹凸交加起伏而已。東北爲阿爾伯山，月中山㮇格之象爲最顯。其西南最高峯曰白山，三千至三千四百米。月中之山無嶺脊，只見起伏凸形，亦無分水瀉溪澗，觀高加索山最明。

月山無脊無分水，只見凹凸與交加，高加索山最明顯，與吾地山大異差。

栢拉圖山

栢拉圖在阿爾伯極東，環高廣而壁圓正，原徑百粁，垣高千米，西峯或二千米。體平色滸，中只三四井，大原之性與海近。人若入中，但見荒凉廣遠，極目無際而已。

奥奇默特山

奥奇默特山高垣正，一切與栢拉圖同，惟不若栢拉圖之幽晦而停勻，蓋皆爲哥白尼火燼所飛而掩之，淺深不同耶。其東爲奥得里各、阿里氏六二山，皆有白暈，亦爲火燼所掩者。

奥奇默特栢拉圖，二山圓正雄規模，歎爲哥白尼燼掩，內原荒遠晦而蕪。

噶西尼古環，半頹廢者，有小山附之。毆陶克斯、亞里士多圖二山，但見周垣，其內原則見二三圖中。

寒海

寒海在阿爾伯北之低地，在東三十度，西四十度間，勢不統一，有阿奇大與不洛太圖二大山隔爲二段。大概南極環山叢雜，北極斜方或四邊形。

阿爾伯北爲寒海，兩山隔斷散難連，南極羣山攢叢雜，北極斜方或四邊。

第十四圖　濕海　伽僧提。

濕海及伽僧提羣山

濕海正圓，徑一千粁，東西少短，土色晦而多井。井口廣三四粁，或五六粁，皆有白暈圍之。

渾圓濕海三千里，中多深井色幽幽，洞泬冥冥深廿里，白暈圍之騰上浮。

伽僧提爲月面最美之環山，徑百粁，內原較濕海爲高，北部尤甚。原上多拆文，甚細微，惟四五可見。又多陵谷，中央叢山，合三山爲之，最美，有深谷界之。其最大一山，又自分三峯，如太華，高千二百米，吾即名之爲落雁蓮華仙掌也。

伽僧提山如華嚴，鐵圍北部聳高尖，原上拆文流四五，千岩萬壑縱横添。中央三山最秀色，騰拔深谷爲界嚴，一山又自削三峯，有若太華登其巔。

圖所見三山，南二白點乃火山口，各有白暈甚光明。若其環垣參差，遠不及第谷、哥白尼之堅厚完整。峯北高三千米，迤南峯卑薄半之，東垣山脊向外，尖角有小點光處，亦火山口也。但本環四周無白路，蓋火燼仍落本處。其北有小山，曰伽僧提甲，亦甚美，蓋後起者。成環時，收前大環垣突破，以其大部推入内原，故但見土阜一堆。向東有影甚深，極似頹垣敗壁所積，惟有中峯及小巔甚高，與東垣平行。

邁司納山

邁司納垣比伽僧提大高厚，徑六十里。惟垣頂西南隅爲一小環所割，内原平坦而色晦，當時全没石漿中。原上有一折文，自東北至西南有井甚多，有三井列成一行。

邁司納垣尤厚高，小環割其西南隅，原上拆文本多井，三井成行亦異殊。

勒愓隆在颶洋濱，僧伽提之北，但露半環。其半環，當颶洋成時，破其半環，沉没海底矣。此洋中尚有多環沉没，隱約可辨。最奇者弗朗士氏特小環，在一大環垣上，大環則已沉没。此月中之滄海桑田也。

颶洋之濱勒愓隆，只餘半環當颶風，羣山沉没略可辨，歎此滄桑見月中。奇甚小弗朗士氏，太環垣没小環逢。

濕海之南有二山，與勒忒隆相仿。大曰陶貝而勒頁，垣壁半浸海，但内原猶高出海面，崎嶇不平。小曰李，垣少沉没，但一部似没石漿中，一小環在西北，垣猶可辨。其重圍二山旁曰維德樂山，濱海而未没，當是後起，中有小圈甚明，火山口也。

濕海南山兩浸海，壁垣半没垣猶高，未没海中維德樂，中有火山光吐豪。

自此向北，漢斯丁及皮里二環，皆新環也。其一内原不平，有一中峯，其二内原平而色晦。其東有西耳、柴理、壽大那序，北若迦文选倏在邁司納東部，垣上有最小環山。

味達、孚列二山近光界，南有大環史楷特，内原幽晦而渾圓，可爲海。更南有福西里特，而小福西里特屬焉。更南見史婁。北端又西北爲罕口而，二環湊成，罕口而之在其西北，環不完正，北爲二環湊成。又西爲西各、加布安、邁加多、喇末斯臘、干班、介士，垣皆成白圈，菩堯路畀尼士基，此象明著。李番嶺東，歐几里向一環黄，周圍白暈甚廣。

或言月枯無生物

月之晝温當攝氏百度，夜温攝氏三百度，熱已冷矣，大氣層、水蒸氣皆不厚，全月枯槁寂滅，説者謂其無生物，可悲也。吾在柏林天文臺，覽遠鏡窺月四千分之一，則似有海有石有緑林，未知孰是。吾固期月之未枯，而有生物也。然諸天甚大，方生方死，方死方生，一月之榮枯至微末也，何足計哉！惟月爲吾地子，與吾夕夕相視相親，吾仍望其有蟾、有兔、有桂，而吳剛不眠倚桂樹，露脚夜下濕寒兔也。

或謂月有生物

月有生物與否，久爲疑論，近美天文家畢克林教授謂，月火山甚明活動，並有稀薄空氣，則生物可存。大古特謂，如人入海有能長時在水中者，則此人必能居月中。其衣爲絶佳之隔離物，即能耐月中氣候之變。畢克林謂，月必有動物，形必矮，多存于大氣濃厚之洞中。大古特則謂，月中動物必高于吾人，其形必大于吾地人。月少受地心吸力，人必能舉重量之物，一大步可跨四十尺，一跳可至十尺至二十尺之高。其肺必能吸過度之空氣，能生極薄之空气中，其耳必奇大，聽覺明瞭，能用稀薄氣之聲浪。其交通消息，或不用言語，而用表示，或用觸覺，如蟻之通信然。是亦或然，不能以吾地斷之也。

吾地有兩月古月已死爲地所吸爲今南美洲

或謂吾地本有兩月，其一已枯，復爲吾地所攝，今南美洲自巴拏馬以南地是也。安底斯山之高一千一百六十米度，巴馬孫河之長一萬四千餘里，滿地烟藍，風景最美。算如今梅邊吹笛，猶是刧前之舊時明月也。夫一陰一陽之謂道，有無相生，長短相乘，輪迴相成。其太始之氣，皆本于熱，有熱則生反，熱則冷，冷則死。有熱則有力，有動重力，則強，反動爲靜，靜重力，則弱。有熱則有光，有光則明白，反光爲昧，昧則闇黑。有力則能有吸力，有離心力，有拒力，無力則被吸而無拒力，無離心力。熱也，動也，光白也，吸也，離也，拒也，皆陽也，冷也，靜也，闇黑也，無拒力而被吸，皆陰也。陽者生之徒，陰者死之徒。吾南美之舊月魄也，熱已盡而爲冷，光已銷而爲昧，力已盡而不拒。死矣，其復爲吾地所吸，然也。卽諸天熱盡，亦爲它天所吸，理之常哉。古月已矣，今月已冷，恐將來復爲吾地吸之，則吾地永永無月，夜行冥冥矣。他時月落歸回吾地，落于南美之東西耶？抑塞太平洋耶？填印度海耶？至是，則人人皆葉法善，人人皆能遊月中，但枯寂之山，無有廣寒宮之華嚴妙好耳。

往者吾地亦兩月，弋遞代出光終古，吾地常明無晦時，海山縱游樂歌舞。舊時明月惜已老，死魄吸爲南美洲，遂令今月孤獨苦。安底斯山兮亞馬孫河，此是昔之月窟可婆娑。

日篇第四

日之功德

吾地上風雲雨雪雷電之變化，蒸氣水源之騰發，石炭之火力，植物之茂育，動物之生活，何自來哉？皆非地所能爲，由受日之熱力爲之也。卽吾地外能自轉生潮，內能震而噴火，然吾地之氣體自日之熱所分出，吾地之生物由日熱所射來。故日爲吾地之父，吾地無往而非賴日力所生也。日乎日乎，晃昱照灼！吾人之生身賴爾，吾人之飲食賴爾，吾人之冠服賴爾，吾人之居室賴爾，吾人之行動賴爾，吾人之歡游賴爾，吾人之娛樂賴爾。凡吾人身之所動作，手足所扶持，耳目聲色所接應，無非賴日也。假無日乎，吾人何以爲生？故日之功德大矣哉，物莫與京矣！先聖知其然也，故郊之祭也。大報天而主日，故名爲報天，其實主日，報本反始之宜也。蓋諸天至遠而無量，上帝冥漠而難測，通微合漠，依據至難。孔子微言，以天者人之曾祖父，卽奉天帝爲祖，而日相接至近，日受其功，亦應先奉考禰，乃爲報禮之至善哉。畢太拉斯與波斯之火教也，專祭太陽，得之哉！吾日父乎，其體容積之大，倍於吾地者百三十萬，其重量倍於吾地者三十萬，其半徑倍于吾地半徑者一萬四千籽。吾地半徑六千四百籽耳，其大可容吾地百三十萬个，容月四千六百萬个，合諸游星比之，尚大過七百四十倍。其距吾地，平均約二百五十七兆有四億里，或一百五十兆粁。其距中可容日一百七个，容地一萬一千八百七十个，容月四萬六千八百个。其距月，有地距月之四百倍。其熱六千度，其内熱不知幾千萬度。其熱力也，蓋吸集日界内諸游星、諸流星、諸彗星而成之，故其熱無量。以六千度之熱焚燒，無所不溶化，無所不吸收，故年年增加其體。雖發散，量不過四百分之一，然雖經一萬年，只減縮其一杪耳，故論者謂日壽五萬萬年。或謂二千八百萬年，或謂二百萬年，皆謬也。

日之原質

太陽上有鈉、鐵、銅、鋅、錳諸原質，均爲氣體。凡地球上所有之原質，太陽上均有之。一千八百六十八年，洛歆夜於日珥之光中見一種光色，爲地球上已知之物質從來所未有，故斷爲一種未知之原質，而名之曰氥，從希臘Helios，意云日也。一千八百九十五年，藍射於礦石中發見一種新氣質，在分光鏡見同樣之彩色帶。由是言之，氥之發見於太陽上，早見於地球者垂三十年，在科學實爲最奇驚人之事。今文有所謂鐳者，在地球上尚未見有此質也。

日之氣層

日之體有多層，各層包圍球核，如空氣之包圍大地。然曰氣層，有光輪、煙輪、色輪、日暈之别。太陽之光華透過外包之各氣層，太陽之内核末由知之，見者惟核外包圍熱光之氣層，是曰光輪。光輪之外有一極熱之氣層包圍之，此層較內層爲冷，或一種煙霧之帷幕，厚自五百英里至一萬英里，是爲煙輪。煙輪外又有一層色輪，色輪厚自五千英里至一萬英里，烈火炎炎，波浪起伏，宛如火海。其中氣質以氫爲主，惟以下層火輪之白光強烈透射自層，故不見紅色。其最高之部有氫氣與鈣質，氣之紅火向上透伸，其力至猛，高數千里，日蝕時所見之赤珥，蓋卽此也。太陽最高之氣層謂之日暈，發見銀色之光芒，高出球表外數百兆里，瀰漫天空，愈高愈散。西一九一九年之日蝕，曾見一日珥，於七小時內，自太陽面上高十三萬英里之處，直昇至五十萬英里以上。夫以烈火之柱柱之，徑大於地球之徑四五倍，上昇至每小時六萬英里之速，亦奇觀矣。西一八八年，羅馬教授踢咯尼見一大日珥，高十四萬二千英里，十八倍地球之徑，又見一珥，尤碩大無倫，以八大行星一一叠起，猶不敵其高也。

日有放射性

日有放射性，新研究出可與物質引力之理並立，以明太陽光熱之來源。放射性物質中，有若干原子似呈分裂之現象，原質分裂成較爲簡單輕小之新質。惟原質既可分裂成簡質，獨不能集合簡質以成複質耶？今尚不知日中放射性原子果爲分爲合，但太陽之爲一放射性物體則無疑。若其質果得分，則太陽之勢力又多一來源，而其壽命益長矣。

日之熱力

吾地所受日之熱，經西一千九百十二年前各國測之七百次矣。其光來吾地須八分十八杪乃達，如傳聲須十四年半乃到，如以汽車計之，雖三萬餘年然後到也。其比燭之光，有一五七五〇〇〇，凡廿五級，其比月之光，則有六十一萬八千倍。每一分時每地之一平方糎，受日直射之熱一千九百三十三加倫，中有半分爲經過大氣層所吸收，其至地也，平均溫度二百九十加倫。當距離地面倍數二百十四分之一，當二十億分之一。若集其光綫，二千八百度之高熱，可鎔鐵，亦可用爲烹，吾萬物之生賴此。盛矣哉！熱力之爲功用也。無此熱力，天亦已焉哉，何況于人？美與印度人好爲日光浴，謂日爲良醫，可減病。

地球受日燃燒之熱而育生物，假以太陽之全部爲石炭，則其石炭層每時須二十尺厚，日日如是，約五千年太陽盡成灰燼矣。但日之實質非如石炭，徵諸埃及之文明，當五千年以前之熱度，與今日之熱度，並未增減。希聯曷氏有太陽收縮之說，謂太陽之熱，彼自能收縮。始由瓦斯狀而變爲液體，繼而成爲固體，以此補充，故能久光。然計太陽之歲，自成球之始，至今已有一千八百萬年以上，而今之溫度尚能發出六百萬度之白熾瓦斯體，故確知其有收縮之象，約每年收縮九十米左右，方能補充其度。計太陽之直徑，大概二百三十萬里，以此較九十米收縮，極微耳。雖有收縮，終有滅亡之日。如自今日，再經五百萬年後，則太陽收縮爲二分之一。至此時，氣候大變，溫度極低，從此漸降變成爲赤星，由赤星降變爲黑暗之星，此時地球之生物一切皆無矣。蓋星有老少之別，少者熱多，光青白，老者熱少，光黃赤，衰甚則黑。

日之光變

日有折光。日未出，而已先見日，日既入，而尚見日，皆折光，指反射者也。日有七色，與虹同，赤黃青緑橙藍紫。地上之元素八十三，其中四十七爲氣體，浮游於大氣中。考太陽之光帶中，發見黑綫一萬四千餘黑線，更有六千種未明之物。太陽之面常因高度之熱，或破裂，或噴火，現出種種之奇變，時而高出三萬八千里以上者。

黑子

日中之有黑子也，在赤道爲多，在南北極爲少，蓋熱極而生也。吾地球與各游星之胎孕于日者，始當亦一黑子耳。黑子或十一年而繞日一周，或一年而繞日一周，可當全日千分之一，然則大于吾地遠矣。或有長則一年，短則一月而滅者，則黑子亦不一。西一千六百十年，迦盤阿始測見之，然吾史記天官書早已測見，及詳于歷朝天文志多矣。西一千九百二十二年癸亥，美國天文學者沙萊，謂日邊新添一游星，各爲佛爾旨，其大二千五百英里，蓋日中黑子離日而出。然則，吾地之爲日中黑子分出至明矣。黑子可證日之自轉，約以二十五日六時一轉，以黑子亦依時復位也。黑子時多時少，多者至八十，少則數月不一見。黑子考者甚多，然未全明。黑子爲日斑，與地上磁場之暴變微有關，磁場暴變時，電話電信爲阻，海航磁針易向，極光出現。有時亦有有日斑而無磁變者。黑子與日之構造變化，必有極深切之關係矣。

極光爲天空中最麗之象色，狀刻刻變化，有時光線摺叠如扇，有時金光層層如織錦，藍綠黃紅白各色配列，誠爲奇觀。其起源之理，今尚未全明，惟知與地球之磁變有關，故與太陽上電力作用相連無疑義也。

贊日功德宜祭報詩

吾日吾日放大明，剛健中正純粹精。照灼吾地，萬物以資生。由蘊大熱，六千度之所成。彗星流星滿空際，頻入日軌横太清，日熱吞熔吸受之，熱力磅礴無與京，可用鎔鐵可以烹。外之金、木、水、火、土、天王、海王賴以誕産，内之月賴以昃盈。吾地蒸氣水源石炭賴以發，雷電雲雨風雪賴以凝。草木以茂百蟲育，人以生動事以營。室居服食賴日得，聲色遊觀賴日晶。功德最大莫如日，火教祭敬最專誠，祭天主日以爲報，先聖禮意何其瑩。嗟乎吾日真吾父，當日望祭報其靈。

游星篇第五

游星者，日之所生，爲日所吸，繞日而行，若吾地星與水星、金星、火星、木星、土星、天王星、海王星八者是也。其與吾地星至近可見，詳記於舊史者，則近日爲水星，水星外爲金星，皆在吾地星軌道之內者。其在吾地軌道外，曰火星，又外曰木星，又外曰土星，古號爲五星，以其見伏兩行，逆順遲速，以占吉凶。歐之托爾美與回教，以與日天並偁七天者，惟皆不知與地爲兄弟，同生于日，而繞日也。土木火軌道在吾地外，故曰經天，金水在吾地軌內，故曰不經天。當乾隆四十六年，西一千七百八十一年，哈施域路發現土星之外有天王大星，同爲游星繞日者。道光二十八年，西一千八百四十六年，當吾生之十年前，天王星之外又發現更大之游星，名爲海王，同繞日者。合吾地星，於是繞日之大游星凡八可測而見者，此天文家定論。若今新添之游星佛爾旨確也，則游星爲九。游星與彗星繞日行，皆橢圓太陽居所，但行近日時速于遠日時。游星一周日時倍乘之，即距太陽三乘之數。火木間距三萬萬里，嘉慶六年，西一千八百年一月一日，火木間發現小游星無數，其後測見次第增多。越百年，至光緒二十七年，西一千九百零一年，測得七百餘在木星火星之間，今增見至八百餘。大者千粁，小者乃至十粁、三四十粁。合計八百星之重量，只當吾地二千分之一。今之測見游星止此。然此百年間，既新發見八百餘游星在火木之間，則木土之間，土與天王之間，天王與海王之間，或海王之外，必亦有游星無數，可推也。軌道最外而遠爲海王星，距吾地百一十九萬二千秆耳。然今遠鏡未精，雖以天王、海王之大，乃亦發見于近百餘年數十年內，況天王海王之間小游星乎？自不能見之。他日小游星必日有增，或大游星亦可增，可斷斷也。吾人甚鈍，遠鏡未精，天空甚遠，日界甚大，天文之學後必勝前矣。

水星

水星，古名辰星，又曰啓明，諸游星中最近太陽者。日出及日没前二時見于地平線上，其軌道較偏扁，其色白光。體八萬七千九百八十四里，約三千哩，爲八星之最小。重如日十兆之一，減地三十份之一。攝力比地四之一。合十九水星之大乃如地，合廿五水星之重乃如吾地。其面積得吾地七之一，其質粗疎如吾月。譬吾地之人有十六士敦，十四磅爲一士敦。入水星輕減四之三。其周日每杪行約八十九里，快則三十五哩，遲則三十三哩，不常楕行。離日約一千有五十八萬四千里，近則二百八十五兆哩，遠則四百三十五兆哩。繞日八十八日爲一周，自轉約二十日一次。其得日熱，近則九倍吾地，遠則四倍吾地。其得日光甚多，每百分受光八十三分，其十七分復歸於日。其面長向日，故其光亦有盈虧。其距吾地至近時一千二百萬里耳。其雲掩光白如雪，其近地，見之如月之上弦，遠地，則圓滿。色似玫瑰，又如銅，又赭色，老橙色加紅。其晝長夜短，晝得五，夜得三。其海或滾，因太熱，水化爲氣也，夜則成冰。

金星

金星，古名太白，又曰長庚，與吾地至近，若孿生者。金星也，其大將比吾地徑矣，凡二萬一千六百里，或云一萬八千里，約七千七百哩，逕吾地二百哩耳。其面積有吾地十之九五，合五金星成一地。近吾地時不過六千萬里，除月與彗星外，吾地與金星爲最近。其光最大時可比初五夜月，史書太白晝見，其大放光時也。甲子八月七日，曾放大光。其繞日以二百二十五日一周，每秒行二十二哩。其距日約一百九十八兆里，或六千七百二十哩。其自轉晝夜爲二十三時二十一分十秒。其光熱，兩倍吾地。其光且過于水星，遠視如銀之磨瑩，若水星只如錫耳。然與月皆有盈虛，其氣管高至雲三十五寸，金星則高至廿一寸。質重吾地二倍。西一千六百四十五年，意人方天拿測金星有一月。後丹墨天文家，一千七百六十八年測金星之月紅色，又白色也。金星中之地甚少，如一遊字，甚疎落也。金星面起斑點，中常發強光，明暗分界或見黑陰影，當是大陸或洋海大氣。大陸有多高山，大山脈其大氣濃密過吾地二倍，金星之難見以此。以分光器測之，其大氣與吾地無異。英國呂士邑近考金星謂，與地體質相等，亦若孿生。距吾地六千七百萬哩，其外密雲層布，約八十哩。西一千八百八十三年，見其克拉加托火山暴發，沙石飛走七十哩，二十日而息，足證也。其經緯略高，兩極可住，氣候濕潤，植物極茂，動物亦蕃，今爲大獸期，飛龍奇獸，凶猛巨物蟠據之，如吾地五百萬年前境象。

火星

火星，古名熒惑。每七百八十日，于夜半見者，火星也。其軌道楕圓，狹自三十五兆，至遠六十一兆哩。其體徑一萬二千三百六十二里，或四千三百哩，小于吾地七分之二。面積有百分之二十八，容積有百分之二十五。其周得吾地七分之一九。火星乃當吾地之大，吸力頗小，當吾地之三十八。譬人躍八尺四寸，如吾地人之躍二尺耳。比重則十之七，引力則五之二，質量則十之一。其轉須二十四時有三十七分，軸轉二十四度五十分。其四時與吾地同而加倍，略如吾地半年，蓋楕圓道遠故也。每六百八十七日一周太陽，軌狹近日處距二十六兆半里，遠軌道則入于木星，亦距二十六兆半。常行圓軌道一百四十一兆半，近狹道減二十六兆半，爲一百二十八兆半。兩極壓力之速，二百二十之一。兩極色皆白，蓋積雪也。然白處頻變。今所見者，北極有大片小片，若所見南極白已化矣。其色有三：一老橙色，一黑灰綠色，一白色。極既有雪，流下必爲水，水道交縈，度約十八里，望之一片綠色，蓋樹木也。每聚而爲湖海，北兩大黑片，海也。線中黑點七八，斜線三黑點，交斜一黑點，南線四黑點，皆疑海也。每點約距一百二十里，亦似火山，與月中火山相類。其水時溢爲洪水。全體略如織網，其藍爲水色，其綠爲木色，老橙爲平地，色白爲雪色。河流最長者四千里，短者三百五十里。火星水多於地，西一千八百九十四年戊戌，五十九日内所見南方白色漸減，不見水高，似地中海裏海。蓋冰化爲水，故河流大增，色加深，樹增多。沙土侵擠，水來紅色，河色多變。或一河分二，或二河合一，二十四時中即可大變矣。

火星雲霧氣甚薄，沸度高一百一十五度。火星多山，山中多洞，洞多礦，然甚小。其氣與吾地同，有吾地七分之一，與須彌頂氣之一半同。山甚多，與月中山峯火山同色，兼灰黑。其一大山長似練，亦多雪山，然不高，至高者亦只萬尺。得日光只如吾地之半，冷降到六十一度。多藤蔓，有葡萄、棗。氣候常似高山頂，甚清肅，日光甚佳，少氣霧。夜則地中熱氣上升地面，故晝夜气甚劇。吾地氣候線，上到一十七萬，又到二萬，凝晶則多雨，火星則不能，氣薄不能結。歐人名火神爲軍神，以其東西南北無定，而光甚鋭，故以爲妖，與中國名熒惑同。

火星之人

火星有人之説，倡之已久。然有謂火星是死星，以溫度在華氏零度以下，不能容生物，以謂有運河形者爲誤。惟美國羅域路天文台最大而澄清，故觀星明確，謂火星色帶褐赤，其黑處非海，是生植物之沼澤，其白處爲陸地，中有無數之黑線，是聯絡沼澤之運河大溝，其人工有非常者，惟各處見有雙行之黑線，畢竟未知其作何用。又曰，火星之山不高，其高者不過二三千尺耳。平原頗廣，而南北兩極與地球不同，其色白是冰塊之所，名爲極帽，春夏之交溶解，而流入運河，故夏見縮小，及冬則又見其大也。其北半球覺有橙色陰影部者爲陸地，赤色部則沙漠。其氣候雖有變化，惟離太陽甚遠，其受熱度不及地球二分之一，其光暈亦如是，其四季之温度較吾地稍低。然有人類爲之運河大溝，則其智力頗大。其身與吾人大殊，因其食物與氣壓之關係，不必如吾人之有骨格，殆如循環器類之形。其手足有七八肢，腦力甚優，其頭則有非常之銳眼云。

或謂火星冷無物爲大謬

近年發見火星面有一大白點，又見其表面生淡藍色大之斑點，此斑點自春以來漸生廣大，其延長約有其全面四分之三，大勢爲彼之橫斷，此皆是植物之繁茂所至云。然是非各異說，至今仍未知其真相也。

火星小于吾地，吾前在英法德美國天文臺見之。冰海火山甚高，其光炎炎，自吾地能見其焰之火，熱力之高可推想矣。或謂其熱已冷，將與月同，恐無生物。吾以火山之熱力，斷其必有生物也。計其軌道在地之外，則其生必先于地，熱力未衰，則其人物必盛可知也。英天文學者如聞異聲，欲製電與之通語。蓋吾地之同類，而爲望衡對宇而相見者，莫火星若也。電氣之動，每秒二十八萬里，彼火星已老，制作必精，當必有無線電機與他星與吾地通語。當可得彼星中人物之詳，其山川之形，動植之異，教化之新，國土之分，政治風俗之奇，必有不可思議，而可發吾地星人類之新識者。吾固預想及之，撰一火星志，必有同也。

火星之月

火星兩月，一名的部士，一名科部士。二月皆西一千八百三十年，德天文家蔑罷拉發見，以四寸管得之，人不信也。後噫路佛訶以一千八百七十六年八月十一夕至十七夕測見，明證之的部士環火星一周三十時十八分，距火星中心一百四十六萬里，科部士環火星一周二十四時三十七分，其照火星光一千二百之一，距火星近而體大，故光過于的部士，比吾月之光六十分之一，距火星面三千七百里，距火星中心五千八百里。科部士月出至入凡十一時，或謂一周三十時十八分；的部士出入十八時三十九分。的部士或謂一周七時三十九分，一日中月出三次，自西而上。自火星見之，如吾地見吾月二倍，甚奇觀也。

火星之月詩

火星比地多一月，兩月並出爭焱明。科部士體大而近月，如吾月六十之一放光晶，環火一周時廿四，照耀火星千萬城。的部士遠火而體小，環火一周七時成，一日三出光西上，奇觀晃昱盤水精。火星中人日望見，三辰祁祁天上行，如地望月大二倍，錯落火齊發百靈。三珠樹下神仙舞，播耨迦中見紫府，嫦娥霓裳樂彼土，飛香上雲春光好。嫣薰蘭破入幽素，金床麻姑弄玉爪，白兔搗藥却煩惱，手招丹鳳雲霧來。身跨赤魚桑海倒，大羅漠漠雲茫茫，銀漢無盡天亦老，笑指牛女同光芒，雙月相望長終古。

火星中海嘯甚多，今則測見火星有大黑地。其白處如織，綠線交互如網，如橫機輪，皆老林故綠，可見其中直橫大黑點八，其下黑點四，斜下三，共十六大黑地，上有黑傘。其山甚多，皆以吾地三山名之。

火木間小遊星

近十年間，天文學者陸續發見小遊星，其數已達五百，合前共計七百餘。其中最大者直徑約一千四百里，最小者僅十數里耳。計小遊星全體質量，較月質量百分之一。分計內容，若最大遊星名悉利士者，其質量較于地球六千分之一，其重力則二十三分之一。因其星體之輕小，故一秒間以二千五百尺之速度向上方投射，因之物體飛散空間，不再著於地面。殆類他星互相牽引，而同繞行太陽矣。最小之小遊星面而投以石，其石亦飛去空中，不復墮下。自太陽至小遊星之平均距離，約六億九千萬里，最遠者約十萬萬里，最近者六億萬里。自地球之至近距離，約五千萬里。究小遊星之速度，在近日點約三六里，遠日點約二四里。其初氣體凝集成，如地球，但凝集之際，彼此分離，各成爲小星體云。又有一如火星大之球，爆壞卽成諸遊星云。

木星

木星，古名歲星，諸遊星莫大於木星矣。長徑二十六萬四千零廿四里，或八萬四千五百七十哩，横徑九萬零一百九十里，斜徑八萬八千二百五十里，幾中國三十萬里矣，大于吾地一千三百三十三倍，然比于日僅九百六十二分之一。各星只得木五分之二，質量當吾地三百十六倍，比重則地四之一，比日則一千四百四十八分之一，每量割分之。其極自轉九時有五十五分，或遲速一二分，繞日須十一年百之八十六，自轉一萬四百七十五回。凡十時間一轉，晝夜僅各五時，故寒暖皆低度，終年氣候如一。且赤道面與軌道面之角度僅三度耳，故其軸或直立，因之受日之影響，以變其氣候甚少。距日平均十四億二千九百里，或四百八十三兆哩，橢圓長時五百四十兆哩，扁時四百六十二兆里。其距吾地三百六十九兆哩，橢圓時距吾地四百十一兆哩。察木星之光，發自雲霧中，其極上必有大濛氣，然可見其球面葡萄酒色甚多，中玫瑰色紅色，旁深紅淺藍灰紫烟色，時見灰綠淺褐色，亦多紅白黑三色，有長見者，暫變者。其赤道上，近二百年發見大紅圈，今變紅磚色。其多變者，非關大氣，乃其內熱高度近白熱，半液體致然。橢圓大三萬里，扁徑七千里，蓋能容吾地三個。時或隱現，下若有紫色大帶承之，似有海灣入焉。中如赤道，猶土星之光環也。星面之土點氣，望似半日，水氣升者甚多，其光甚怪，然極美觀，比吾月之光九倍，比火星之光二十四倍。木星光不及金星，然比恆星之施了士星座大五倍。

木星之月

木星之月八，四月最明大，吾常測見之。明史謂歲星四周有四小星繞行，甚疾，是也。但當時不知爲木星之月耳。

一挨哟，繞木星周四十二時，其距木如吾月距日之比。

二歐羅巴，最小，與吾月比，繞木須吾地三百十三時，距木中心四十一萬五千里。

三堅尼未，此月最大，三千五百五十里，距木六十六萬四千里，其周木七日四時。

四伽臘梭，距木一百萬一千六百七十里，繞木十六日十六時半，此月自東徂西逆行。

五新月，此月甚小，光緒辛卯，西一千八百九十二年九月九日新發見，未名。此月與木至近，繞木十一時五十七分廿三秒，距木中心十二萬二千一百六十萬里，距木面六十七萬里。

木星周日爲吾地十二年，實十一年八十八日耳。游星以木星爲最重，倍吾地者千分之一。吾地以遠鏡窺之，作數畫形上作大點。環木星之四月，遠鏡一窺可見。木星出，吾與兒女童孫夜夜見之，光華照耀，望而生欣。居木星者，昔昔四顧之，更無晦黑之時，其樂如何。

木星之月詩

木星月有十，常見四月光嘒嘒。最小而遠歐羅巴，最大晃燿堅尼未，最近爲挨哟，次遠伽臘梭。堅尼未大三千五百五十里，周木七日四時耳，距木六十六萬而四千。遠視熠燿無與比，其中銀闕多仙子，幽光飛香定海來，清澄有餘無素滓。靈香翩翩萬天女，月井金庭大紅氣，呼龍耕雲種瓊樹，騏驎蹴踏香象戲。歐羅巴小與吾月同，繞木須歷三百十三時，中可有瑞士瑞典挪威之海峯。試見瑶池與閬風，紛擾赤鳳與白龍，麟角虎翅出西東，琪花瓊草蔽青葱，天馬狰獰舉虛空。伽臘梭距木百萬里，繞木十六日十六時矣。光芒照灼是何紀，三十三天猶可指，姮娥衣薄倚桂樹，碧城冷落含烟霧。中天高倚金銀臺，玉山斜倒紅玫瑰，雌鳳長叫雄龍笑，口銜絳霞月裏來。挨哟繞木四十二時，近木光華長見之，羲和敲日紅玻璃，瓊樓玉宇不可即，濕銀注鏡百萬尺。玉灣不釣十千春，青珠黃環龍亦惜，瑶殿瓊人看月明，寡鳳低翼天馬猶。

土星

土星，古名鎮星，又作填。距日倍于木之距也，八百八十六兆里，橢圓行少百兆里。其周日二十九年半，每杪行六里，其大二十九倍于吾地。其極樞熱力自轉二十七度，其熱甚少，若比吾地九十一分之一耳。形甚扁，徑七萬一千里，大于地九倍。横徑七萬六千四百七十里，斜徑七萬四千二百四十里，兩極對爲六萬九千七百七十里。其空氣甚輕，若玻樽之浮木塞于水上也。地之視土，其距如二百十英碼之視一錢矣。中有黑帶周纏之，亦作灰緑黃色，有白點，其兩極作淺藍色。其自轉以十時十四分廿四杪，或測爲十時十六分。其攝力微，得地五之一。

土星之光環

腰有光環，周徑一十七萬二千八百里，面廣四萬二千三百里。環分三重，爲内外中也。内外一萬一千里，其大略同，惟中差大，一萬八千里。外中重之距六千里。光以外爲最大，中爲至闇，蓋遠近之異也。内重與中重有明暗之異，而無斷。每重甚薄平，如紙，但今未得其數，有以爲約五十里者。中有白點如蓮花，土星轉則隨之轉焉。土星外之光輪至易見，吾于德美天文臺見之尤明，上下成圈，光耀照灼，舊不可解。天文學者伽，測爲無數小星合聚成環，與吾地星黃道光同。然黃道光不易見，而土星光輪以尋常稍大之遠鏡皆見之。以土星相距之遠，則此光之大，諸星聚集之多，不可思議也。

土星之月

土星之月有十。第六鐵殿最大而光，西一千六百五十五年揩賤所發見。其大如地之月，橫徑二千七百二十里，繞土一周十六日，距土中心七十萬七千一百里。一千六百年意人伽慎尼發四个月，一（呢謙）瑪士，與土最近，距土中心一十一萬八千里。二（揩披嘘）諒月周土二百二十五時。三浮比月甚小難見，一千八百四十八年德人拉般篩十三歲發見也。第九新月，第十亦新月，而無名。八接必打士，周土七十九日又三分日之一，距土二百二十五萬有五。月皆楕行，惟浮比接必打士圓行。近西一千八百年時，威廉嘘曹發現月兩个，日有發明，則土之月數若干不能定，今姑據測見者號爲十月。吾于夜測土星，所常易見者四个月，鐵殿最易見也。

土星之月詩

土星之月亦有十，新月無數亦無名，浮比接必打士兩圓行，餘月楕圓綴太清。吾愛鐵殿月最明，橫徑二千七百二十里，大如吾月光晶瑩，距土中心七十萬，繞十六日周行成。其中十二樓五城，玉殿懸空騰金繩，大鳥背負白玉京，紅氣銀光望飛驚。月浪衝天星辰濕，蟾蜍顧兔眠水精，直教銀漢入我懷，遥聞七斗迴環聲。天之人兮蕩仙魂，逍遥閶闔大光明，桂宫留影不能掇，海闊天翻問玉清。

天王星

天王星在土星外，歐士亞利士多德、托爾米未知之，利瑪竇入中國改曆、及回教九執曆言九重天者，皆未知之。體徑三萬二千里，大于吾地四倍。其視吾地，如吾地視月之比也。西北色如水绿，東南白，時見黑點白點，氣候常同。其橢圓最近日處一百六十六兆哩，距日倍于土之距日一千七百八十二兆哩，得日之光熱甚微矣，如吾地三百七十分之一也。其轉每杪行四哩又五分之一，周日須八十四年。其光來吾地三十六分，其攝力如吾地水底，每噸比吾地減二百磅。有六帶環繞其面，甚明，二尚闇，第五色紅，第六有汽蔽之。惟其自轉軌道自東徂西，與地相反，異于各游星。

天王星之月

其月有四，皆以昔士卑亞仙名之。其軌道亦自東徂西，與天王星成直角。

一噫聊，距天王星如吾月距地八之一，遠于惡部郎兩倍。

二衣鋧部聊。此二星一千八百五十一年拉素發見。

三鐵打尼亞，徑一千里，最大而光。

四惡部郎，光少滅。此二星一千七百八十六年英國嘆曹發現。

天王星之月詩

天王星旁有四月，名以昔士卑亞四仙說，自東徂西軌獨別行，成直角奇咄咄。鐵打尼亞大且光，徑一千里晃煌煌，稍近光小惡部郎，亦復照灼爲天章。我生之前五年現，噫聊衣鋧部聊同時見，噫聊遥遥距天王，其大兩倍惡部郎，如吾月距地八一之長。四月交輝舞鸞凰，中含壽星包福光，撼碎珊瑚雲錦章，蟠天不到廣寒殿。推烟唾玉萬里香，女龍渴鳳蹩踏下，騏麟嗡雲策天轀，水晶眠夢是何處，貝闕夜移銀漢旁。

海王星

海王星形體配天王星，與日產出略同也。古無見者，吾生之前十年，道光戊申，西一千八百四十六年始發見。體徑三萬二千九百里，面十七倍于吾地，凹凸于吾地七十二倍。與天王星略同，楕圓行突出三十八度，故又能稍近于日。其視日如月光六百八十七之比，若近人數尺之大光燈。楕扁處距日五十兆里。其行每杪三里三分之一，光來吾地四時。繞日須一百六十五年以遠，故光小如恆星。其物輕于吾地者四，攝力極微，面無水，但旱澣。

海王星之月

海王星有一月，似天王星之月。其大同吾地之月，而遠於吾月之繞地一萬二千，繞海王星須五日廿一時，其光來地八分。

彗星篇第六

彗星說

彗星微白色甚小，中心如粒形，首尾包及核，通作圓錐形或圓體蓋霞。殼固體質，炭化水素。近日，受其引力，種種變形，上如髮，下如尾。發電皆藉日光力。有可瑪彗，中央作球狀，其核爲一星，光甚強。有時二星三星數星相連，其近頭光強，遠則光弱，謂爲天塵，衆塵所凝集也，實從日爆發也。

彗星生于日與游星凡八百五十

彗星有日生者，亦有木、土、天王、海王星爆發分出者。日屬之彗星總八百五十也，西十六紀時已發見四百，肉眼所見，其四百五十，今遠鏡乃能見之。其七百廿星，特見者共八十星，再見者大約一年中五星至八星。現平均每日一彗星出。

彗星行拋物線與雙曲線

彗星軌道行橢圓，拋物線、雙曲線，遠日則極遠，近日則極近。四百餘彗星中，有七十五周期之彗星，其中六十星百年一周，復歸故位。十八星周一回以將來。蓋彗星橢圓與游星迥異，其拋物線極遠，出海王星以外，入他恆星軌道中，他恆星之彗星亦必有入我太陽軌道中。或經土星、木星、火星各游星，則吸力引之減其速度。凡行拋物線之彗星三百，行雙曲線之彗星十二。

彗星行周期凡四類

彗星之遠且大者，若西一千八百十一年之大彗星，經一百一十三年再現，于一年五个月間續發現光，其中心星之核，直徑一千四百七十餘里，其卷取可瑪，直徑二百九十四萬里，其尾二萬萬一千萬里，歷三千六十五年乃周太陽，此爲最長期者。餘凡三類：一類則三年至八年一周日，二類則六十九年至七十六年爲一周日，三類則若西一千八百六十二年之第三彗星，行百二十四年乃一周日。若西一百八十四年之第二彗星，行一萬三千八百六十四年而一周日，今將可考之彗星周期如右。

游星親屬之彗星

大約第一類三年至八年之短期彗星，爲木星親屬之彗星凡三十。近于吾地，受吾地吸力百三十八倍，引其軌道甚近，土星之親屬彗星凡一。天王星之親屬彗星凡三，其一名。海王星之親族彗星凡七，其一名巴黎。蓋各親屬彗星，亦游星之衞星也，出現期皆一定。以繞行各游星，惟經日力吸引，或少妨其運行，延其公轉。其例若西一百八十二年巴黎彗星出現，天文學者預計西一千七百五十八年再現，然西一千七百五十九年三月乃現。蓋此彗星行木、土軌中，爲二大星所攝，故公轉少延期也。甚有軌道位置亦變者，如西一百七十七年測例喬路彗，以爲西一千八百八十六年可公轉一周，乃竟延至西一千八百八十六年〔一〕。

彗星舊以爲妖，若亦知爲衛星，則光輝燦爛，過于明月照我山河，便人間事，助人行樂。惜我地星無之，若有木星之三十，固見光華糺縵。否則，海王之七，天王之三，豈不放大光明，絶無黑夜哉！不爾，則得土星之一，亦復夜光照耀。恨吾地不能產此寧馨兒也，思彗歎惜而爲之詩。

恨吾地無一彗星

誰能夜放大光明，莫若親族之彗星，是吾游星之所生，繞本游星而周行。海王有七天王五，土星僅一白光晶，木星之彗乃三十，光華糺縵炯晝晴。假吾地有彗若木星，若羣燭龍鬭光精，照灼雲霞異彩成，千炎萬燄皆飛驚。次若海王天王星，或七或三光怪呈，輝光氛靄不可名。否則若土得一星，爛爛照夜玉柱擎，令我山河發光熒，明明可掇耀雪冰。秋毫可數十倍月，聊勝于無亦慰情，奈何吾地一彗產不出，坐令晦朔夜無色。秉燭而行歎昏黑，久遠偶現大怪詫，反驚妖災成大惑，嗟哉古今人愚無識。

〔一〕按，此處兩年代均作「西一千八百八十六年」，則無「延」期的問題。兩年代中必有一誤。

彗星行遲速視距日遠近

彗星行近日則程速，西一百六十八年之彗，近日三十九萬二千里，一秒行百里，及其遠日二千一百九十一萬萬里，一秒衹行十尺。西一千八百四十三年第一彗星，近日二十四萬七千一百里，每秒行百四十里之速。又西一百八十八年近日三十二萬九千里，每秒行百三十八里。衝日冠氣，而其大過占日地之距離二倍，蓋爲日大力所吸故也。

彗星周期可測以詩拉爲證

彗星可預測重周之期。西一千六百八十二之巴黎彗星，前于西一千六百零七年，後於一千五百三十一年，現皆同月。其西一千八百三十五年再現，爲土木兩星所攝吸，遂延遲。其頭向日放光，直徑九百十萬里，流出物質後變側曲，由尾放光矣，仍此彗也。

彗星有詩拉者，最近吾地，發自奥地利，謂六年十分之七一周。天文家常憂與吾地衝突，而今已分碎者。今列表明之：

西一八二六　始發現，近吾地四五萬里，幸吾地常行，彗星頭外過，得免衝突。

西一八三二　天文家更憂與地衝突，世人大恐，彗一月前過地前，免衝突。

西一八三九　此年現出無事。

西一八四六　此次彗星分爲二，放光弱。四月，核光明，尾光尤動摇奇異，惟弧連絡。

西一八五二　仍分二，其弧連。

西一八七三　十一月二十七日現，尾生小彗，前仍二分一星之核。吾地驚爲流星之會，蓋彗分碎片。

西一八八五　此彗仍同流星羣。

西一八九二　同前。

最美觀爲新發現之多拿彗星

西一八五八年六月新發現之多拿彗星，其光彩美異第一矣。其核與皮顯分八層，如冠冕垂旒。其頭向可瑪，星如來復，尾曲彎如羽毛，後分如本。其長五十度，横幅自六度漸廣至五十度。長若太陽百個，即其長三萬一千五百萬里，廣若太陽十二個，二千八百萬里。其大自一萬一千九百萬里，漸縮至四千五百里，更小至一百七十五里。至逾年二月而没，凡現九個月。至一八八十年再現，其公轉周期乃測定，果然。

大彗星二

西一八八二年有二大彗星現。第一星現于六月，距日三度，光最强。第二彗星現于九月，光亦强，于日中時以手遮日，肉眼可見，距日二百四十五萬里。通過日冠氣外，其核初圓如日，後延長至十七萬五千萬里之細線。其上六片至八片，皆有線在前垂，第三層之線最光明，直徑一萬七千五百萬里，光線之後次第延長三十五萬里。頭圓，集多重色，之上有微直光束線覆之，其尾三萬一千五百萬里，等于日地之距。自九月現至逾年三月，故測定詳密。計周期自六百五十年至八百四十年。

彗與日及地之衝突可憂

彗與地之衝突，人憂之久矣，他日恐終不免。吾地粉碎，同入太陽，增日之熱量而已。彗星分碎如雨如雹，各爲數噸重之大岩石塊。一萬四千年，地近彗至六十萬里，則可憂云。

其與日衝突者，則月日軌外極遠之拋物線來，有地十萬分之一之重，每秒行二百里之速度來，則日于八時至九時發增大熱量，吾地因此亦感大熱也。

彗星之異說

有謂彗星爲霞雲天之集團分出，自五百萬萬里來者。

有謂爲冰塊所成者，談天無定，固可任人言之。

吾國測見彗星，見于廿石者，數千年矣。以占驗爲凶災固大謬，然歐人近百年乃能詳著之，則其古舊于天文學疎甚矣。易貴制器利用以前民，吾國徒以不能制遠鏡，遂事事讓與歐人發明也。

流星篇第七

流星總説

明月之夜，擲金線而撒銀砂于空中，其尾青白以引光點者，其流星耶。夫流星之本體，爲何物哉？

甲曰：此爲天塵也，卽天之電子原子也。天之極微者也，運行于日之周圍，誤入地之氣圈内，摩擦生火而成光也。

乙曰：如百萬年前，地月之火山，猛然噴出物質，高出天界，後入太陽軌道行轉中。

丙曰：流星爲日與他恆星中射出之物質。

丁曰：流星爲彗星核分離之一部，核既分出，追彗本部而速行。要爲日系中周行之小天體。其軌道或橢圓，或拋物線，入我地軌道中之交點，急行散布甚多，受吾地之引吸，相會相觸，摩擦生熱生光，回轉運勢，發爲火花，但落下無音，到地如燒炭粕耳。

流星一晝夜落三萬萬

流星多現于暗夜，每時三十至四十，早朝比夕二倍。朝與地軌同向，夕追從地背面而相會。一晝夜平均一千五百萬計，微小者當三萬萬，合一年當數百萬萬。其自冬至至夏至見三分之一，夏至後至冬至復見三分之二。流星之光路，自二百八十里高二百七十五里而消，經五百六十里或多二十八里十四里。

流星光有白緑黄赤四色

流星之光甚强，有白緑黄赤四色，而白爲多。其尾引長光，自五分時至十分一秒之速度，行八十四里。隨地向則速至百三十六里，從地背反行則三十一里。

流星有羣多或數十萬

流星有羣，如雨如驟雨，或如十數萬，間或數十萬，或放射點，或輪射點。若卑路賒示座流星，現於八月，獅子座流星，現於十一月半，若鶯拖羅咩打流星，亦在十一月二十七日現。

西一千八百六十二年八月，諸拖路彗星軌與吾地軌接時，其核之分離成環之一部，兩軌相接，恰合卑路賒路座之邊，其中心八方迸出如雨，其夜半午前之時，發七八百回之流光，計其流星羣之周期，一百二十年。獅子座之流星羣同。添披露彗星同軌，三十三年一周期，而現亦于八月。西一千七百九十九年十一月十二十三兩夕，美洲現流星羣之大觀，數約廿五萬。至西一千八百三十三年十一月十二夕，歐洲見流星羣，如一大傘。西一千八百七十三年十一月廿七日，吾地見鶯拖羅咩打座放射點最近，光緒廿五年己亥十一月出現，惟少遲，故流星爲彗星所分散，即第三輝彗星之軌。在西一千八百六十二年，與卑路賒士座流星同一軌。拉巴蠆路獅子座流星之軌道，與西一千八百六十六年拉吾巴路之彗星同一軌道。後西一千八百四十七年流星，與同年第一彗星；西一千八百四十八年四月之流星，與同年第二彗星，西一千七百三十七年七月之流星，與同年第二彗星同一軌道。

流星爲彗星核分散而成

卑拉彗星之核，西一千八百四十五年分爲二，一千八百七十二年再現，見爲一，併見其邊流星如雨。此彗軌道，十一月二十七夕頓與鶯拖路咩打流星同一軌道。此卑拉彗運于日軌內，爲他游星所吸，體遂崩潰分裂爲二，後遂次第散飛成流星團之流星羣。故知流星與彗星同源，流星爲彗星核之分離體。雖天亦有聚不能無散也。

吾少即擬彗星爲一星之死，惟無證據，有此可證成之。若春朝之東，秋夕之西，見黄道光之流星，乃變光星流星羣遮恆星。或謂吾日自有此廣大之流星團也。

流星有隕石隕鐵之異歲隕約三萬六千噸

流星落天一角有聲者爲隕星，有隕鐵隕石之異。亦流星之分體運行日外之太空，入吾地大氣圈內，爲地吸引，增其速度，摩熱生光，其路照明，或生火花飛碎片，其響聞百七十里。因一杪時音之傳導一千百尺，光先見耳乃聞響。凡隕星自高空二百八十里至三百五十里發光，低至三十五里十四里高而滅入空氣中。每杪平均速度八十四里，空氣摩擦其熱，其通路火球生白雲。其隕星之面，光而有粉末，其尾亙十時或三十分之長，微白光，浮游空中。隕星之鎔，表面凝固，皮壳落地猶熱，或深入地中約尺以下。亦有自空中二百十里或七十里飛來，破河冰而下者。

大概每歲隕石自七百至四千，大約十尺，重二三噸，總重數歲約三萬六千五百噸。經十萬萬年，可增地面一寸之厚，若積久，地徑增大，運轉減速，百萬年後，每杪減千分之一。

隕石外面多黑如漆，高熱鎔透入之故也。或有穴斑點石，或含鐵質，若硫化鐵，若酸化鐵，或橄欖石，或古銅石、輝石之一種其他鑛物。或有磁性，或含硫黄燐炭素多少，或角閃石，柱虹長石，灰長石，亞鉛珪酸硫鐵鍍，或火山噴出之燒石。西班牙隕石多碎片，或數十片，多礦中集合品，種種鍍物細入無間，蓋其中熱甚膨漲而裂也。

隕鐵可製刀劍爲天外奇寶

日本以隕鐵爲刀劍原料，有五十六塊保存于其帝宮博物館。吾在美國砵倫，見隕鐵一塊，大八九尺，尚作銀光。在墨京見二塊，大相等，皆號落星石。吾粤城九曜坊之九石，則隕石也。昔在學政署池中，吾皆手摩抄之。此皆他星之物，或他恆星物，或吾日系物，由彗星變流星而隕來者。天外諸天之物而到吾地，豈非大寶乎？吾手撫之，如見他星之人物。豈不爾思，室是遠而。未之思也，何遠之有？

日亦流星所集

流星之體，應亦極大，不可思議。其流星之壽，應亦不可思議，不可以吾蕞爾之地星所見頃刻變滅之流星例之。故施華露舍謂，吾日及各游星皆流星集團所成。若然，則日亦銀河天中，大日星所發之流星聚集之團耳。吾人以爲幾萬萬年者，在大日人中亦見爲頃刻變滅者耳。蓋天空之氣熱鼓蕩往來，摩擦不息，互相吸引，互相離拒，倏忽而成體，聚合而爲團，漸積而成大團，吸力更大，更久積莫大之團，乃至尋常之理也。通乎氣熱吸力引力，離心拒心之理，則聚而爲星，赫然而有；散而爲流，歸之於無。有無相成，小大相傾，聚散相乘，覩化相遷，又實異哉！

流星歌

博夜幽幽坐花前，誰抛金線銀沙横亘天。飈忽光氣飛萬道，尾光青白墜于淵，四射何光芒，瞬息乃忽然。昔昔大者二千萬，小者三萬萬夥頤。沉沉然或隳隕星爲鐵石，歲隕三萬六千五百噸，北天放射百八十九，南天放射三十九。或有羣如雨，驟下自星躔，有時輻射如環傘，百萬迸發光怪聯。或謂爲天塵，誤入吾地大氣圈；或謂地月火山燼所飛墮，或謂星日殘質所迴旋。高翔天空入日軌，與地摩觸熱光宣。邇者卑拉一彗星，核離爲二已復連，行軌忽遇他星吸，碎破厥體化爲億萬千。他諸拖路之彗星，核分爲環中不堅，八方迸裂下如雨，七八百次一夕間。鶯拖羅咩打彗，光緒己亥冬散爲流星團。向謂各星氣散降爲彗，腹中火汁傾瀉如奔泉。遠覩如髮亦如尾，星大汁多或歷千萬年。彗星氣體已裂解，犯觸他星散如烟。大珠小霧雜下不勝數，遂成流星之翩翻。成住壞空理之常，星終隳裂況神仙？乾坤有毁天難長，吾人肉體何足研。宵宵望流星，俯仰天地感無言。

宋史流星附

流星，天使也。自上而降曰流，東西橫行亦曰流。流星有八，曰天使，曰天䍐，曰天鴈，曰天保，曰地鴈，曰梁星，曰營頭，曰天狗。流星之爲天使者，有祥有妖，爲天䍐、天鴈，夜隕而爲天保，則祥；若夜隕而爲地鴈、梁星，晝隕而爲營頭，則妖。流星之大者爲奔星，夜隕而爲天狗，厥妖大。自下而升曰飛，飛星有五，亦有妖祥之分。飛星化而爲天刑，則祥；爲降石、頓頑，爲解銜，爲大滑，則爲妖。

黃道光附

黃道光，二三月日没後見於西方，九十月日出前見于東方。有薄光扁平，沿黃道在日之前後者。蓋地軌外有無數小流星，遠受日光之反射，近與金水星運動摩擦，於是現此光象也。此流星近日及地軌邊，每一立方粁有三〇瓩之密度，其全體質量有全球十分之一，蓋甚大矣。其軌道橢圓，而公轉因日自轉，日外大氣東西向而轉，故流星落下也。日赤道轉動速，兩極轉動遲，與各複雜運動而成之，即日中黑點轉動亦有關也。蓋一切與木星面之光環同，故亦可謂吾地之一光環也。吾地與土既有小星所集之光環，則火木與天王、海王應亦有之。但光環小，今不能見，後或能見之。

銀河天篇第八

銀河天説

吾人入夜，仰天而視，照耀糺縵，爛爛粲陳，分張布列者，非諸恆星耶？中國古者，恆星亦名常星，以常見也，目爲恆星天。然今以遠鏡測之，其棱芒光燄與游星異，而與日同，蓋眞光也。蓋皆日也，與吾日爲同氣之兄弟也。吾古者别爲三垣二十八宿，其所列爲扁平體。蓋在天河之下，浸天蒼蒼，其正色耶，惟銀河天獨白光一道，横天中央者，以銀河爲二萬萬日所聚會，高下層布，故積成白光。吾日亦在銀河界中，故名曰銀河天也。或言有星三十萬萬。

銀河天橢圓及廣袤之度

今天中一大白如日，衆星環圈繞如璧，銀河天也。銀河如渦形，扁平而橢圓，兩邊凹如蠶豆，圓盤狀，周邊環形。銀河天之界長約十五度，中心面南，北十度減七八度，邊二分之一，銀河之星二萬萬。以此多星各星之大如此，而占天僅此南北十度，亦太區區。勿論吾所未能見之天，即所見者，有若中國之在地球乎，亦可笑矣。故每夕吾必舉頭觀銀河，而嘆其大而不測，亦哂其小不足數也。

吾日亦在銀河中

我日在銀河天中心，有無數八等小星繞之，又有多數之星羣，小數之星雲混合之，然中心恐亦自謂耳。如古者以地在天中，今乃知其不然也。

銀河所帶天

銀河古曰雲漢，詩「倬彼雲漢」是也。又偁天漢。起尾宿，分兩派：一經天江、南海、市樓，過宗人、宗星，涉天津至騰蛇；一由箕、斗、弁、河、鼓、左右旗，涉天津至車府，而會於蜷蛇，過造父，直趨附路、閣道、大陵、天船，漸下而南行，歷五車、天關、司怪、水府，傍東井，入四瀆，過闕邱、弧矢、天狗之墟，抵天社、海石之南，踰南船，帶海山，貫十字架、蜜蜂，傍馬腹，經南門，絡三角、龜、杵，而屬于尾宿，是爲帶天一周。不曰雲漢天者，以銀河天外爲霞雲天，實二重天，雲爲一重，漢爲一重，故不可合用，故因日人名銀河天而仍之。

銀河天歌

仰爛爛之銀河兮，一白橫亘光氣則那。其長當天之十六度兮，積恆星二萬萬之多。或謂有星三十萬萬兮，吾日與八游星自爲一家。日蝨懸河中爲一星兮，比恆河之一沙。熱萬度之巨白星兮，沉沉爲鄰尤頤夥。助我光明晃昱兮，吾乃遠遊而高歌。以周天三百六十度兮，銀河廣僅十度。其幾何懸在霞雲天之中兮，僅得十六萬之一于大羅蹇。吾乘天船而上遊兮，騰雲漢而婆娑。憐牛女之長相望而不得渡兮，憾清淺之微波。無仙鵲以爲梁兮，遇張騫之泛槎。望克廉水素之極星兮，吾將出銀河而之它。

銀河恆星之數

漢張衡渾天儀爲靈憲，謂常明之星有廿，可名者三百二十，爲星二千五百，微星一萬一千五百二十。而隋志謂，衡圖堙滅，星名不存。吴太史令陳卓，列甘氏石氏巫咸三家圖録，凡二百五十四官，一千二百八十三星，并二十八宿及輔官附坐一百八十二星，總二百八十三官，一千五百六十五星。張衡與史記略近。惟歐人謂肉眼見星可三千，已過隋書之半，而張衡見至萬餘，似非肉眼所能見。平子精制作，必藉遠鏡測之，此古之大奇作，惜此鏡不存于後世。若存乎吾國，天文學或可早精也。明崇禎初，禮部尚書徐光啓督修曆法，上見界總星圖，以爲回回立成。所載有黄道經緯度者，止二百七十八星，其繪圖者止十七座九十四星。康熙時測星共一千三百四十七，微星無名不與。今則謂三十萬萬，列表如右，可測見者二萬萬，列表如右。

肉眼所見之恆星

一等星	光度一零零零	二十
二等星	光度三九六	六十
三等星	光度一五八	二百二十
四等星	六三	五百
五等星	二五	一千四百
六等星	一	四千八百
計		七千

肉眼所不能見之恆星

七等星	一萬三千
八等星	四萬
九等星	十四萬
十等星	四十萬
十一等星	二百廿五萬

十二等星	三百七十五萬
十三等星	千三百四十萬
十四等星	四千百萬
十五等星	九千萬
計	一萬五千〇九十九萬三千
合計	一萬五千一百萬

自吾四十年前，光緒十年乙酉日夕，以遠鏡覩天時，星不過萬萬，越廿年而一萬五千萬，又增至一萬八千萬，今增至二萬萬。以增率之速，則後之遠鏡日精，見星日多，可推也。測銀河天十度中，今所見爲二萬萬者，可增見爲三四五萬萬，以至于無量數，不可思議有必然也。物質之爲用，未有如遠鏡與電者也。吾在歐美各天文台窺遠鏡，見各恆星大若圓盤，接眼如月，然六等星亦視力極強者乃能見之，我未能見也。同窺鏡而目力不如我者，我所見之星，彼不能見，亦以爲無也。故天下只有有，其言無者，人目比較之詞也。今二萬萬之星已見而實，以今增星之多，皆古無者而今有矣。吾中國無此鏡，無知之見之者，則至虛無也。然吾因推無量之星，無量之天似虛無也，然必實有也。其亦有亦無，誠哉非有非無也，故測愈實者，識愈虛也。

恆星大小十七等

恆星有大小，以與吾地有遠近之殊，故見其光有大小之別。今略差之爲十七等：一等者二十星，約當月光百分之一，目視之尚爲最微光，如六等星也，多在銀河中，西人之牡牛座。二等者六十多，在北極。三等百七十，昴最光，今已多至二百二十。四等四百，今多一百。五等千二百，今多一百。六等星之光，當一等星百分之一。一等以下，六等星以上，每降一等，光減二倍有半，七八等星以下，則降一等，即減三倍。

今所見天狼、角宿、織女，白色一等星，河鼓二、五車二、河南三，黄色一等星，大角、心宿二、參宿四，赤一等星。然肉眼能見之六等星六百，實皆一等星也。天狼光於織女六倍，以其與吾日爲最近鄰耳。

恆星以色熱分等

各恆星又以色熱分三等：最上熱一萬度，爲白星；次熱六千度，爲黄星；次熱三千度，爲赤星。每色熱不同，光有大小三色。每色星中，又有巨星矮星之別。自小暗黑星，進爲赤矮星，又進爲黄矮星，乃進爲赤巨星，又進爲黄巨星，乃進爲白矮星，然後進至白巨星，凡七等，皆次第集光散熱。其熱至高至二萬度之星，不過百分之一。大概老而熱減則爲黑，壯而熱盛則色白也。

七等星中吾日僅居第五等或第六等

吾日爲黃矮星之屬耳，且帶赤居第五位，帶赤矮則第六等矣。巨星集熱散光倍於日者五六百倍，其白矮星亦倍吾日數十也。吾日，小星下星之上中而已。以吾日之大，而在二萬萬恆星中只居小星之上中，人可不妄自大矣。

恆星自動

恆星亦自動，大約可知者四千。如亞極昭拉士星，一秒間行七百里。其他從來不動者，一秒間平均速度六七十里内外。

星之遠近以光行之年計

凡計星之距離久遠，以光行速度行至一年計之。光一秒行十三萬四千八百里，行一年則一千七百五十兆萬里，名爲光年。星之遠近皆以光年爲單位算，其光通過空氣亦有屈折。

乾倫路士座之亞路化星	四光年
白鳥座之六十一番星	八光年
大犬座之須利烏士星	八三光年

小犬座之逋羅強星	十二光年
龍座之須姑碼星	十三光年
卡須阿卑亞座之卑打星	二十光年
南魚座之科阿瑪路呵多星	二十四光年
牡牛座之亞路爹巴蘭星	二十七光年
取者座之卡嗶拉星	二十九光年
牛飼座之亞栭昭拉士星	三十四光年
最遠肉眼所見者	三千二百六十光年

其與吾地最近之亞路化星，尚須四光年，有日地軌道半徑之二十五萬倍，亦有之三年半。若極遠者須數萬年矣。白巨星來地須五千光年，黃矮星六百光年，赤矮星百光年，通常三十六光年，北極七十二光年也。

星惟有真光者，乃能達遠。日與各恆星有真光，蓋集熱而成之者。日集諸流星之熱，積而成之，惟熱而後生光，惟熱而後有力。集之真，積力久，廣大博厚，故能光遠而自他有耀，悠久無疆也。惟人亦小日也。孟子言：浩然之氣，至大至剛，充實而有光輝，是集義所生，則塞天地。信哉！

今以遠近爲光之強弱計之。

一等星	平均三十六光年
二等星	平均五十四光年
三等星	平均八十四光年
四等星	平均百八十光年
五等星	平均五百二光年（按，疑當作「二百五光年」。）
六等星	平均三百十光年

恆星之光來地年數

凡恆星之光來吾地也，與吾地最近者亞路化星，位在南天，然其光來吾地尚須四年。或云有至近星光來，須三年有半，若極遠者，逾數萬年矣。白巨星光來地須五千年至千光年，黃矮星六百光年，赤矮星百光年。大概可見之星，三十六光年爲多，北極星約七十二光年。晴夜仰視天河，北極居中，衆星繞之東。吾日之内者，應東西一百四十四光年也，在我日外者，則無量光年，不可算也。然北極之居所，但吾銀河之一小星團拱之爾。

希吕士布倫謂，諸星張列而向于銀河者，半徑約五千光年，其直角之方向十分之一，爲扁平橢圓體，吾日在此扁平體中心以北位置，約百光年之半徑一千一〇〇〇〇三十九十秆，三三〇〇日當十億。

分巨矮星以真光度

巨星矮星之分，自勒西路也，以真光度、色度、熱度之大小分，計二等。巨星之真光度，通于各氣外熱之型。矮星之真光度，分甲乙丙丁戊己庚七型，勒西路原爲 BAFGKNO 今改用甲乙丙丁戊己庚代之。大約每減二等。吾日則爲丁G形，其光度在零度。

銀河天之白在氣外熱故銀河中多白星少黃赤星

銀河天之色白，日亦白。測銀河天者，惟測其氣外熱特不同耳。美國化士，測銀河混成之氣外熱，與日之氣外熱亦同。必牽連調查氣外熱尤密，謂黃星赤星各布天之一方，惟白星偏近於銀河。若六等以上之白星，在銀河中者三分之二，在銀河外者僅三分之一。小星之等愈下，屬于白星者更多，故銀河之白光，皆成于甲型乙型之白星，因推銀河之氣外熱，亦甲型乙型白星所成也。銀河之白色爲白星之白歟，抑爲黃星之白歟？當測銀河之氣外熱乃能知之。今測銀河之氣外熱，見向吾日而延附于紫光方面，有居其所之大星，一日甲型之克廉星，二日乙型之水素星，爲居其所而最白，而吾日只有黃赤，不能比也。故考銀河者，當考氣外熱及吸收黑線，乃能明之。

大火心星之大倍日二萬六千倍尚是第四等星

若大火心星，歐人名爲蝎座，赤巨星也，其光過吾日五百二十五倍，其熱度三千倍，故屬赤星。書堯典所謂「日永星火」，詩所謂「七月流火」，皆以大易。舉以證時，比吾日距千六百倍，表面溫度得吾日二分之一，散熱十六分之一，其面積倍吾日二萬六千倍，半徑亦倍吾日百六十，總量重于日千六百倍。夫日倍于吾地已一百三十萬，若倍日二萬六千，則倍吾地星三萬三千八百兆，倍數其大如何，已令人心思不能推想，然在天空尚是第四等星，不過一點之光，不及大海之一滴水也。由此所推，天之廣大，其不可思議如何耶。然心星爲分光連星，又爲變光星。

牽牛織女

牽牛、織女二星至著易見也。牽牛大于吾日十四倍，距離吾日九十萬倍，其光來吾地須十五年。織女其大發光倍于吾日九十五倍，其光來吾地須二十六年，其距日倍于日百六十萬倍。詩曰：「跂彼織女，終日七襄，雖則七襄，不成報章。」古詩十九首曰：「迢迢牽牛星，皎皎河漢女，纖纖擢素手，扎扎弄機杼。終日不成章，泣涕零如雨，河漢清且淺，相去復幾許，盈盈一水間，脈脈不得語。」晉陸機詩曰：「昭昭清漢輝，粲粲光天步，牽牛西北迴，織女東南顧。華容一何冶，揮手如振素，怨彼河無梁，怨此年歲暮。跂彼無良緣，睆然不得度，引領望大川，雙涕如霑露」。唐杜甫詩曰：「牽牛出河西，織女處其東，萬古永相望，七夕誰見同。神光意難候，此事終朦朧，飄然精靈合，何必秋遂通。」皆以牽牛、織女光大易於指證，遂以男女附會。然若心星之連星，實爲星之雌雄相合，未能攻之也。

如阿鼇安座之巴爹路喬士星至大，其直徑九千二百十兆萬里，若以日直線計，可容日二百四十八個。日地迴日軌道置其表面，尚過五萬萬四千里。又蝎座之翁他例士星之大，兩倍于火星之軌道外尚過七千萬里，但以此比之吾地，小不能如蟻。

明史所述恆星多少有無

又有古多今少，古有今無者。如紫微垣中六甲六星今止有一，華蓋十六星今止有四，傳舍九星今五，天廚六星今五，天牢六星今二。又如天理、四勢、五帝內座、天柱、天牀、大贊〔府〕〔一〕、大理、女御、內廚，皆全無也。天市垣之市樓六星今二。太微垣之常陳七星今三。郎位十五星今十。長垣四星今二。五諸侯五星全無也。角宿中之庫樓十星今八。亢宿中之折威七星今無。氐宿中之亢池六星今四。帝席三星今無。尾宿中天龜五星今四。斗宿中之鼈十四星今十三。天籥、農丈人俱無。牛宿中之羅堰三星今二。天田九星俱無。女宿中之趙、周、秦、代各二星，今各一。扶匡七星今四。離珠五星今無。虛宿中之司危、司禄各二星，今各一。敗臼四星今二。離瑜三星今二。天壘城十三星今五。危宿中之人五星今三。杵三星今一。臼四星今三。車府七星今五。天鈎九星今六。天鈔十星今四。蓋屋二星今一。室宿中之羽林軍四十五星今二十六。螣蛇二十二星今十五。八魁九星今無。壁宿中之天廄十星今三。奎宿中之天溷七星今四。畢宿中之天節八星今七。咸池三星今無。觜宿中之座旗九

〔一〕「府」字據明史天文志補。

星今五。井宿中之軍井十三星今五。鬼宿中之外廚六星今五。張宿中之天廟十四星今無。翼宿中東甌五星今無。軫宿中之青邱七星今三，其軍門、土司空、器府俱無也。又有古無今有者。策星旁有客星，萬曆元年新出，先大今小。南極諸星，古所未有，近年浮海之人至赤道以南，往往見之，因測其經緯度。其餘增入之星甚多，並詳恆星表。其論雲漢，起尾宿，分兩派。一經天江、南海、市樓，過宗人、宗星，涉天津至螣蛇。一由箕、斗、天弁、河鼓、左右旗，涉天津至車府而會於螣蛇，過造父，直趨附路、閣道、大陵、天船，漸下而南行，歷五車、天關、司怪、水府，傍東井，入四瀆，過闕邱、弧矢、天狗之墟，抵天社、海石之南，踰南船，帶海山，貫十字架、蜜蜂，傍馬腹，經南門，絡三角、龜、杵，而屬於尾宿，是爲帶天一周。以理推之，隱界自應有雲漢，其所見當不誣。又謂雲漢爲無數小星，大陵鬼宿中積尸亦然。考天官書言星漢皆金之散氣，則星漢本同類，得此可以相證。又言昴宿有三十六星，皆得之於窺遠鏡者。

康熙時〔一〕，凡測而入表之星，共一千三百四十七，微細無名者不與。其大小分爲六等，內一等十六星，二等六十七星，三等二百零七星，四等五百零三星，五等三百三十八星，六等二百十六星。悉具黃赤二道經緯度。列表二卷，入光啓所修崇禎曆書中。茲取二十八宿〔距星〕〔二〕及一二等大星存之，其小而有名者間取一二，備列左方。

降婁　壁宿一　壁宿二　奎宿一　奎宿二　奎宿九　婁宿一

〔一〕按，此節文字全錄自明史天文志，下列「凡測而入表之星」亦爲明史中文。康氏此處插入「康熙時」三字，不知其故。

〔二〕「距星」二字據明史天文志補。

大梁　天大將軍一　天囷一　胃宿一　昴宿一　天船三　卷舌五
實沈　畢宿一　畢宿五　參宿一　參宿二　參宿三　參宿四　參宿五　參宿七　觜宿一　天皇大帝
　五車二　丈人一　五車五　子二　勾陳大星　五車三
鶉首　井宿一　井宿(二)(三)　軍市一　天樞卽北極星　老人　狼星　北河二　北河三　南河三　上
台一　上台二　文昌一
鶉火　鬼宿一　柳宿一　弧矢一　帝星　弧矢南一　天樞　弧矢南五　天璇　中台一　太子　中台
二　天社一　星宿一　軒轅十二　軒轅十四　天璣　天權
鶉尾　張宿一　下台一　下台二　右樞　玉衡　西上相　天記　開陽　五帝座　常陳一　翼宿一
搖光
壽星　軫宿一　長沙　角宿一　大角　馬尾一　亢宿一
大火　十字二　貫索一　馬復一　氐宿一　氐宿四　蜀　騎官七　房宿一　房宿三　南門二
析木　心宿一　心宿二　三角形一　尾宿一　帝座　箕宿一
星紀　斗宿一　天淵二　天淵一　織女一　河鼓二　牛宿一
元枵　鳥喙一　女宿一　鶴一　虛宿一　危宿一　北落師門
娵訾　天津四　蛇首一　水委一　室宿一　室宿二　土司空七

今恆星之增多至萬數

赤道降婁宮恆星

壁宿一　天廄北增一　壁宿東增十九　八魁六　土公北增三　土公北增四　壁宿南增十一　天廄
一　壁宿東增十七　天廄三　鳥喙六　天倉一　壁宿東增十六　土公北增五　天廄二　壁宿南增
十二　八魁五　蛇尾一　王良內增四　壁宿南增十三　火鳥五　土公南增七　土公二　火鳥六
土公南增八　壁宿東增二十一　壁宿東增二十　壁宿東增十五　奎宿西增一　土公南增九　天溷
北增一　傳舍南增一　壁宿東增十四　王良五　壁宿東增二十二　土公東增六　火鳥八　王良二
壁宿東增二十三　鳥喙四　傳舍二　天溷北增二　附路　奎宿六　奎宿四　土公南增十　土公
南增十一　奎宿五　奎宿南增三　王良四　奎宿南增二　奎宿北增二十二　閣道西增二　奎宿北
宿二十一　火鳥七　閣道南增一　鳥喙五　少丞北增一　閣道六　士司空　天溷四　水尾三　少
丞　外屏西增九　天溷三　王良三　奎宿南增四　奎宿二　閣道五　外屏西增八　外屏一　奎宿
南增五　奎宿七　奎宿三　天溷內增六　勾陳五　天溷北增三　勾陳一　奎宿南增六　天溷一
奎宿內增九　策　王良東增五　奎宿內增十　奎宿八　天溷一　奎宿一　奎宿內增十一　勾陳內增
三　天溷東增五　外屏南增十　奎宿北增二十　奎宿內增十五　外屏內增七　傳舍三　外屏二
天溷北增四　外屏北增一　外屏南增六　五帝內座西增二　外屏北增二　奎宿十六　奎宿十　外

屏南增五　天倉内增十四　天倉内增十三　奎宿北增十九　華蓋四　奎宿東增十四　火鳥九　奎宿南增八　軍南門　天倉北增十二　外屏南增四　奎宿九　傳舍四　閣道四　天倉二　奎宿北增十八　奎宿南增七　奎宿東增十六　奎宿東增十三　外屏南增十一　水委二　天倉北增十一　外屏南增十二　奎宿十一　奎宿十五　華蓋三　天倉北增四　外屏南增十三　奎宿十四　天倉北增十　外屏三　天倉北增三　外屏南增三　天倉北增九　天倉北增六　天倉北增五　閣道内增三外屏南增十四　天倉北增八　奎宿十三　天倉北增二　天大將軍西增一　奎宿十二　天大將軍西增二　華蓋五　奎宿東增十七　閣道三　天倉北增一　右更西增五　天倉北增七　天倉三　右更一　天大將軍西增三　杠九　右更東增　天倉内增十五　天倉内增十六　天大將軍四　外屏四火鳥十　鐵鑕一　閣道南增四　右更二　華蓋二　天園一　右更西增四　天大將軍六　右更内增二　天倉内增十八　天大將軍三　天倉内增十七　右更三　杠八　華蓋一　華蓋六　天大將軍五　右更五　天大將軍七　鈇鑕二　閣道南增五　奎宿東增十二　水委一　天大將軍二　外屏五婁宿西增三　天大將軍西增四　婁宿北增四　鈇鑕三　右更四　裏宿西增二　天倉五　大陵西增四　閣道二　天大將軍北增十六　華蓋七　右更東增三　天大將軍内增十一　婁宿北增六　天倉四　婁宿二　外屏六　婁宿一　五帝内座二　天大將軍八　杠七　杠五　杠三　天大將軍東增十五　五帝内座内增一　婁宿南增一　婁宿北增五　杠四　鈇鑕五　天園二　大陵西增五　外屏北增十五　杠六　天倉六　鈇鑕四　天大將軍南增五　天囷西增二　天大將軍一　外屏七　蛇腹四

婁宿北增七　天囷西增四　蛇首一　天囷西增三　婁宿東增十一　婁宿北增八　婁宿三　天大
將軍内增九　大陵北增三　天大將軍九　傳舍五　婁宿北增九　天大將軍東增十　天庾西增一
天囷西增一　婁宿東增十四　大陵西增六　天大將軍東增十二　䓖藁西增一　天大將軍南增六
天囷十二　天庾一　婁宿東增十二　天囷西增六　婁宿南增十五　天囷五　天囷十三

赤道大梁宫恆星

大陵北增一　大陵北增二　天大將軍南增七　婁宫北增十　天大將軍十一　天大將軍東增十四
五帝内座三　天大將軍十　天大將軍東增十三　婁宿東增十三　胃宿西增一　䓖藁三　大陵西增
七　大陵一　䓖藁北增二　天園三　大陵西增八　䓖藁五　天囷内增五　天囷十一　閣道一　大
陵西增九　天囷北增七　大陵西增十　䓖藁四　胃宿西增二　䓖藁一　杠内增一　天囷六　天苑
西增七　天大將軍東增八　天園四　左更西增一　蛇腹三　天囷十　天苑西增九　天庾二　䓖藁二
天囷七　䓖藁東增三　天囷北增八　䓖藁東增五　左更一　䓖藁東增四　胃宿西增五　天囷九
大陵西增十三　䓖藁六　大陵西增十四　左更二　大陵八　天囷南增二十　胃宿一　天囷北增
九　天庾東增二　天園五　天囷八　天園北增一　左更三　天囷四　五帝内座一　天苑七　天庾
三　大陵西增十二　天船一　胃宿二　天苑八　天苑内增八　天庾南增三　左更東增二　大陵七
胃宿三　左更五　大陵南增十六　大陵二　蛇腹二　傳舍六　左更四　大陵内增十五　大陵東增
十一　天苑九　左更東增三　左更東增五　胃宿東增三　左更東增四　積尸　蛇腹一　左更東增

六　天苑六　左更東增七　杠二　天苑南增六　天囷三　天船二　大陵南增十七　天苑南增五
天囷南增十九　五帝内座四　天囷南增十八　天園六　天苑北增十　大陵六　天囷一　天囷内
增十　大陵三　天苑北增十一　胃宿東增四　天園北增二　大陵五　天苑北增十二　天苑十　大
陵四　附白二　天陰西增一　大陵東增十八　天陰四　上丞　天陰南增十七　天陰二　大陵東增
二十　天船西增一　天船西增二　天苑南增四　天苑南增三　天苑五　天苑内增十三　大陵東增
十九　天囷南增十六　天囷南增十一　天船三　天阿　天苑南增二　天囷二　天陰三　天苑十一
天陰北增二　天園南增三　傳舍七　傳舍八　傳舍九　天廩四　天船内增三　天船南增四　天廩
三　天船南增五　天陰五　天廩二　天廩一　天苑北增十四　天船四　天廩南增一　昴宿西增二
卷舌西增一　天陰一　天苑四　昴宿西增三　天苑十二　杠一　上丞東增二　天囷東增十五
天苑内增一　天船五　昴宿北增一　卷舌五　卷舌六　天苑北增十五　上丞東一　天囷東增十二
天陰東增三　卷舌一　天園南增四　天苑北增十六　五帝内座五　天陰東增四　昴宿南增四
昴宿一　昴宿二　昴宿四　昴宿三　天苑三　昴宿五　天囷東增十四　天囷東增十三　天廩南增
二　昴宿六　天讒　天園七　昴宿七　天苑二　畢宿西增一　上丞東增三　天苑十三　傳舍東增
二　天苑十四　積水西增一　卷舌四　畢宿西增二　天園八　九州殊口西增三　天園九　九州殊
口西增四　卷舌二　九州殊口西增五　蚱首二　九州殊口西增二　昴宿東增五　卷舌三　天苑十
五　天園北增五　天苑一　傳舍東增四　畢宿八　積水　九州殊口西增一　天苑十六　畢宿南增

三　月　天船六　月東增一　畢宿南增四　礪石一　卷舌東增四　卷舌東增五　附白一　天街西
增一　傳舍東增三　礪石二　天船七　天船九　卷舌東增六　畢宿南增五　九州殊口西增六　少
衛西增一　天船八　九州殊口二　畢宿南增六

赤道實沈宮恆星

畢宿南增八　畢宿北增九　畢宿南增七　天街二　九州殊口一　天船南增六　九州殊口內增七
卷舌東增三　礪石四　畢宿四　六甲五　天園南增六　天節三　畢宿南增十　礪石三　卷舌東增
二　天園十　畢宿三　畢宿內增十一　畢宿內增十二　金魚一　天節八　天船東增九　天街北增
二　天街一　畢宿二　天街北增三　九州殊口三　夾白二　畢宿七　天街北增四　天節一　畢宿
一　畢宿六　畢宿南增十三　天園十一　天節四　九斿西增一　五車西增二　九斿西增二　五車
西增三　天節二　天船東增八　天船東增七　畢宿五　九州殊口內增九　天節七　九州殊口內增
八　天園十三　九州殊口四　天節五　附耳南增一　九斿一　附耳　九州殊口北增十　五車西增
一　天園十二　天節六　九斿西增四　諸王六　八穀西增一　少衛　諸王北增一　金魚二　九斿
八　九州殊口六　九州殊口五　九斿二　五車西增七　八穀西增三　參旗北增一　五車西增八
參旗六　八穀西增二　九斿七　天高二　參旗五　八穀五　九斿西增五　參旗七　參旗一　九斿
六　六甲南增一　參旗西增十一　九斿三　五車一　六甲六　參旗三　八穀西增十四　參旗四
參旗八　五車西增六　參旗二　諸王北增二　五車西增五　五車西增四　諸王五　參旗北增二

柱一　九斿東增三　八穀七　八穀內增十三　柱二　參旗北增三　參旗九　八穀六　八穀南增四
九斿四　天高一　九斿五　柱三　玉井二　八穀四　參旗北增四　諸王四　九斿九　天高南增一
天高內增三　天高內增二　參旗東增九　參旗東增八　天高三　參旗東增十　玉井北增一　屏
二　參旗北增五　玉井三　參旗北增七　天潢五　玉井北增二　玉井一　八穀內增十二　五車北
增十八　五車二　天潢三　參宿西增九　軍井一　咸池三　天潢內增一　軍井二　屏一　天潢內
增二　玉井四　八穀內增十一　參旗東增六　參宿七　天潢一　咸池一　天高四　參宿西增八
天潢四　軍井三　軍井四　參宿西增五　參宿西增十　五車五　天潢二　八穀內增十　天關南增
一　參宿西增四　參宿五　參宿西增七　參宿西增六　參宿內增三十七　參宿西增三　軍井東增
一　天高東增四　八穀北增十五　參宿西增十一　諸王三　夾白一　咸池二　柱七　參宿內增二
八穀北增十六　參宿內增十三　廁二　參宿內增十二　參宿三　參宿內增三十六　諸王南增三
廁內增一　參宿內增十四　觜宿二　八穀北增十七　觜宿一　八穀內增九　廁一　丈人二　柱八
天關　伐西增二　伐一　伐二　觜宿三　伐三　伐東增一　參宿二　諸王二　柱九　八穀三　勾
陳南增四　八穀內增八　參宿內增十五　參宿內增一　五車北增十七　參宿內增三十五　天關南
增二　天關南增六　參宿一　八穀內增七　參宿內增十六　八穀內增十八　天關南增三　丈人一
柱六　廁南增二　金魚三　天關南增四　八穀八　天關南增五　水府西增二　水府西增一　諸
王南增四　八穀二　八穀內增六　柱四　柱五　廁三　參宿內增十七　廁北增七　參宿六　水府

西增三　屎　諸王一　水府西增四　水府西增五　八穀東增五　八穀一　參宿東增三十四　參宿東增二十二　司怪四　司怪南增三　廁四　五車三　五車北增十六　參宿四　老人西增四　五車北增十五　子二　司怪一　五車四　子一　金魚四　廁北增六　五車東增十　司怪内增一　參宿東增二十一　參宿東增二十三　司怪内增二　五車東增十一　參宿東增三十三　參宿東增三十二　上衞西增一　八穀東增十九　參宿北增十八　子東增一　司怪二　五車東增九　參宿東增十九　參宿東增三十一　司怪南增四　老人北增三　參宿東增二十　上衞西增二　司怪三　五車北增十四　八穀東增二十　水府一　廁北增四　八穀東增二十一　廁北五增　參宿東增三十　廁東增三　司怪東增五　八穀東增二十六　水府四　水府二　五車東增十三　八穀東增二十二　孫二　井宿北增一　五車東增十二　鉞　八穀東增二十五　司怪東增六

赤道鶉首宮恆星

水府三　八穀東增三十四　鉞北增一　水府南增六　六甲一　水府南增七　參宿東增二十八　水府南增八　八穀東增二十七　座旗西增一　參宿東增二十九　參宿東增二十七　孫一　井宿一　八穀東增二十八　金魚五　四瀆四　四瀆西增四　孫北增一　座旗西增二　軍市一　井宿北增二　孫北增三　孫北增四　八穀東增三十三　井宿二　四瀆南增五　八穀東增二十三　四瀆南增六　參宿東增二十四　八穀東增二十四　參宿東增二十五　八穀東增三十二　參宿東增二十六　老人　孫北增二　四瀆南增三　井宿北增六　四瀆三　座旗八　井宿西增九　座旗七　座旗五　井宿

南增八　軍市六　六甲二　井宿北增三　井宿三　井宿北增五　軍市内增二　座旗三　上衛南增
三　軍市内增一　野雞　八穀東增三十一　軍市二　四瀆北增一　座旗四　井宿内增七　座旗一
井宿五　上衛　井宿北增四　井宿西增十　老人北增二　八穀東增二十九　井宿四　井宿南增
十一　四瀆北增二　座旗六　六甲四　四瀆二　天狼　闕邱一　八穀東增十三　天狼北增一　座
旗九　弧矢西增一　座旗南增三　井宿内增十二　五諸侯一　軍市内增三　井宿六　座旗南增四
座旗二　天罇西增一　弧矢八　井宿南增十三　座旗南增五　天狼北增二　軍市三　軍市五
老人東增一　天罇西增二　軍市四　天狼北增三　四瀆一　軍市東增四　天狼東增五　井宿内增
十四　金魚東增一　天罇三　弧矢七　井宿七　天罇南增六　闕邱南增四　弧矢北增二　天狼東
增四　軍市東增五　井宿内增十五　内階西增二　座旗東增六　五諸侯二　天罇北增三　天罇内
增五　闕邱南增五　井宿南增十六　弧矢一　闕邱二　井宿内增十七　闕邱東增三　天罇北增四
座旗東增七　闕邱東增二　弧矢北增五　闕邱東增一　内階西增一　座旗東增十一　井宿八
弧矢北增四　弧矢北增三　積水　天罇二　座旗東增九　座旗東增八　天罇南增七　天罇一　弧
矢北增七　弧矢北增六　弧矢九　五諸侯南增一　五諸侯三　座旗東增十　六甲三　水位西增一
飛魚二　南河一　天罇東增八　天罇東增九　北河一　南河二　五諸侯北增二　五諸侯北增三
弧矢二　南河北增一　南河北增二　水位一　飛魚五　北河二　南河南增五　水位北增二　南
河南增四　五諸侯四　南河南增三　弧矢南增二十四　内階西增三　北河北增一　北河北增二

五諸侯北增四　五諸侯北增五　闕邱東增六　水位北增三　南河三　北河内增四　弧矢六　積薪
北增一　闕邱東增七　積薪　北河三　弧矢南增二十　北河北增三　水位二　水位北增四　積薪
東增二　弧矢内增十八　弧矢内增十九　弧矢北增八　弧矢北增九　上台西增三　弧矢北增十
上台西增二　弧矢三　弧矢五　五諸侯五　積薪東增三　水位内增十　弧矢北增十二　南河東增
六　弧矢北增十七　弧矢北增十一　水位北增五　水位北增九　弧矢南增二十三　弧矢南增二十
一　飛魚六　南河東增七　爟西增二　小斗九　弧矢北增十五　水位北增七　爟西增一　水位北
增八　南河東增十　弧矢四　爟西增三　弧矢北增十六　南河東增九　南河東增八　上台西增一
天社東增一　水位三　水位北增六　爟西增四　弧矢北增十四　水位東增十一　弧矢南增二十
二　爟内增五　爟一　外廚西增一　内階西增五　爟四　水位四　弧矢北增十三　外廚南增十五
外廚南增十四　外廚南增十六　内階西增四

赤道鶉火宫恆星

外廚南增十三　天社一　柳宿西增十　爟内增六　上台西增四　爟二　外廚南增十二　外廚南增
十一　鬼宿西增二　内階一　柳宿西增九　外廚南增十七　爟三　爟東增八　鬼宿西增三　爟東
增九　内階西增八　外廚西增二　爟東增七　鬼宿南增五　外廚西增三　爟東增十　外廚一　鬼
宿南增四　爟東增十一　内階西增九　鬼宿二　軒轅西增八　柳宿西增八　飛魚四　鬼宿内增一
外廚六　飛魚三　柳宿西增七　軒轅西增十　柳宿一　柳宿西增六　軒轅西增九　小斗北增一

柳宿二　積尸　積尸北增一　積尸南增三　積尸東增二　外廚南增四　小斗八　外廚南增八　鬼宿三　天狗一　鬼宿南增六　軒轅西增十一　柳宿三　外廚南增十　外廚內增五　天狗四　鬼宿四　外廚五　柳宿北增五　外廚二　軒轅西增二十二　柳宿內增一　內階五　天社二　鬼宿南增七　柳宿五　天狗五　外廚南增九　內階三　上台南增五　柳宿四　天狗二　內階內增六　外廚三　軒轅西增七　鬼宿東增九　鬼宿東增八　軒轅西增二十一　天社內增四　軒轅西增二十　天社北增二　天杜三　軒轅西增十九　軒轅西增十二　外廚東增六　外廚四　三師一　天狗六　軒轅西增十八　軒轅西增六　上台一　柳宿六　柳宿北增四　天狗三　軒轅西增十三　鬼宿東增十外廚東增七　鬼宿東增十一　軒轅西增五　軒轅一　天狗七　柳宿北增三　軒轅西增四　三師三上台二　軒轅西增十七　鬼宿東增十二　三師內增一　軒轅西增二十三　軒轅西增十六　海石內增二　內階內增十　軒轅二　天社內增五　文昌五　鬼宿東增十三　天社四　柳宿七　軒轅西增十四　鬼宿東增十八　鬼宿東增十七　軒轅西增十五　內階二　柳宿北增二　小斗七　軒轅西增二十四　鬼宿東增十四　天社北增三　四輔南增一　星宿西增四　內階六　星宿西增三　上台南增六　文昌六　飛魚一　天記　軒轅西增三　星宿西增五　柳宿八　軒轅三　文昌南增五　鬼宿東增十六　星宿西增六　海石北增一　星宿西增二　鬼宿東增十五　文昌南增六　海石內增三　軒轅四　文昌內增三　星宿五　軒轅西增二十五　軒轅七　南船五　海石二　內階四　少輔上台東增七　星宿西增七　星宿六　天社五　星宿內增一　酒旗三　酒旗南增五　星宿一　軒轅內

增二　文昌四　軒轅北增一　星宿二　軒轅八　文昌內增四　內平西增五　酒旗二　酒旗東增四
內平西增六　星宿七　星宿三　少輔北增一　內平西增七　天記東增一　內平西增八　星宿東
增八　酒旗北增二內平北增四　酒旗北增一　軒轅內增二十六　天社六　軒轅南增四十五　酒
旗北增三　軒轅南增四十六　星宿東增十五　軒轅五　文昌北增一　內平北增三　星宿四　海石
三　軒轅內增二十七　星宿東增十四　內平三　軒轅十五　星宿東增十三　張宿五　文昌內增二
軒轅六　酒旗一　小斗六　軒轅九　文昌一　軒轅內增四十四　文昌二　四輔一　內平北增二
文昌三　星宿東增十　軒轅內增二十九　軒轅南增四十八　內平北增一　軒轅內增四十三　軒
轅內增二十八　星宿東增十一　海石四　軒轅十　星宿東增九　文昌東增七　軒轅南增四十七
張宿一　小斗五　星宿東增十二　軒轅內增四十二　海石五　軒轅南增四十九　四輔二　內平四
三師二　中台西增二　軒轅南增四十　中台西增一　軒轅內增四十一　文昌東增八　軒轅南增
三十九　內平南增九　軒轅南增五十　軒轅南增三十八　軒轅南增五十一　內平二　張宿內增一
軒轅南增五十二　軒轅十三　張宿四　軒轅十七　軒轅十四　四輔三　軒轅內增三十四　天相
一　軒轅內增三十七　張宿二　天相內增一　天樞西增一　軒轅南增五十三　軒轅南增五十四

赤道鶉尾宮恆星

內平一　天相二　天相內增三　天相內增二　中台一　內平南增十　內平南增十一　軒轅東增三
十　軒轅十一　軒轅內增三十六　軒轅內增三十二　軒轅東增三十一　天記東增二　天相三　軒

轅内增三十三　中台内增三　軒轅十二　中台二　南船四　長垣南增四　軒轅内增三十五　勢西增六　南船一　勢西增七　勢西增八　軒轅南增五十五　陰德一　天相北增八　天相北增四　勢西增五　勢西增九　天樞西增二　軒轅南增五十六　陰德北增一　勢西增四　天相北增九　天相北增五　張宿三　天璇西增一　軒轅内增五十七　天相北增六　勢西增三　陰德二　天相北增七勢二　天相北增十　長垣南增五　海山一　長垣一　天璇西增二　南船南增一　勢一　長垣南增三　軒轅十六　張宿内增二　長垣四　勢北增一　長垣内增二　張宿南增四　南船二　勢内增十張宿北增三　勢内增十一　天樞西增三　勢北增二　長垣北增一　少微西增一　張宿六　海山北增一　天璇西增五　天相東增十一　少微西增二　少微三　長垣南增六　天璇西增六　長垣南增七　天璇西增四　小斗三　勢三　靈臺西增二　少微四　長垣南增八　長垣二　南船三　長垣南增九　翼宿西增三　勢南增十四　海山二　天璇西增七　天璇西增三　勢南增十五　勢南增十六海山北增二　長垣三　翼宿西增二　天相東增十二　翼宿五　翼宿西增一　天璇南增八　翼宿西增四　勢四　天牢一　少微北增三　勢東增十二　翼宿西增五　勢東增十三　少微二　少微東增八　小斗四　靈臺南增三　靈臺西增一　靈臺南增四　天牢三　少微内增四　天璇　天牢五　靈臺三　靈臺二　翼宿一　天樞　靈臺南增五　西上相西增一　海山三　翼宿十二　翼宿南增六靈臺南增七　少微内增五　靈臺一　翼宿二十　少微一　靈臺南增八　少微東增七　靈臺南增六少微東增六　太尊　翼宿十一　翼宿南增七　翼宿十六　天理一　西上相　明堂西增五　西次相

西次相北增一　虎賁　西次相南增三　明堂西增六　明堂西增四　下台二　下台一　天牢南增二　翼宿十九　翼宿七　西上將　天牢六　西次將　翼宿四　明堂西增三　明堂西增二　翼宿十　翼宿二　西次相東增二　翼宿十八　翼宿九　明堂一　天牢二　天理二　翼宿十五　上輔　翼宿十七　五帝座西增二　天牢四　西上相東增二　明堂三　五帝座西增三　青邱三　天理北增一　青邱四　青邱五　上輔東增一　明堂北增　五帝座西增一　青邱六　海山四　海山五　青邱南增三　翼宿十三　明堂二　青邱内增二　天牢東增一　太陽守西增一　内屏西增一　翼宿八　五帝座三　上輔南增二　青邱七　下台東增一　從官　下台東增二　青邱内增一　翼宿二十一　翼宿三　内屏一　太陽守　内屏二　海山六　太子　内屏内增二　五帝座一　翼宿十四　五帝座二　五帝座五　右執法　翼宿二十二　青邱一　天機　天理四　内屏内增三　五帝座四　青邱二　天理三　四輔四　翼宿六　小斗二　内屏南增六　幸臣　内屏三　軫宿西增三　常陳七　郎位十五　内屏四　馬尾三　右轄　謁者西增一　内屏東增五　軫宿二　五諸侯西增七　軫宿南增四　馬尾二　郎位西增三　郎位十四　大理一

赤道壽星宫恒星

内屏北增四　十字架四　相北增一　小斗一　軫宿一　天權　五諸侯五　常陳六　郎位十　左執法南增一　軫宿北增二　郎位西增二　大理二　大理南增一　左執法　郎位西增一　相南增二　謁者　長沙　五諸侯北增六　天權北增二　謁者北增二　郎位七　庫樓九　軫宿南增五　常陳北

增一　郎位六　相　十字架二　馬尾一　郎位三　郎位一　郎位四　庫樓十　天權東增三　五諸侯四　郎位五　九卿西增九　郎位九　郎位二　軫宿三　常陳五　郎位十三　十字架一　天權北增一　郎位八　少尉南增二　左轄　九卿西增八　軫宿北增一　軫宿四　常陳四　郎位十一　少尉　五諸侯北增五　密蜂三　九卿三　少尉北增一　庫樓八　五諸侯北增四　九卿內增七　三公一　進賢西增九　進賢西增八　郎位十二　常陳三　密蜂二　庫樓七　九卿北增五　東上相　進賢西增七　九卿一　三公二　內廚南增二　密蜂一　九卿二　常陳二　十字架三　九卿東增六　五諸侯三　九卿北增四　三公三　九卿北增三　九卿北增二　九卿北增一　密蜂四　郎將西增一　內廚一　相東增三　東次相西增一　郎將　進賢西增一　進賢南增六　郎將東增二　五諸侯北增二　東次將西增一　進賢南增五　東次將南增二　東次相　玉衡　常陳一　內廚二　五諸侯二　進賢　進賢北增二　北極　進賢北增三　周鼎二　五諸侯東增三　東次將　內廚北增一　進賢東增四　馬腹三　庫樓六　五諸侯一　五諸侯北增一　角宿西增十五　周鼎三　平西增一　角宿西增十四　平道一　東上將　常陳東增五　常陳東增四　常陳東增六　角宿西增十三　天門一　常陳東增二　天門南增三　周鼎一　天門南增二　角宿西增十二　天門南增一　東次將東增三　柱十　角宿西增十一　天田西增一　天門南增四　平一　常陳東增三　柱十一　角宿西增十　三公三　馬腹二　天田西增二　天門南增五　角宿西增一　庫樓內增一　角宿一　角宿南增九　開陽　天門二　開陽東增一　東上將東增一　庫樓五　東上將東增二　角宿內增二　天門東增十一　角宿

內增三　天門東增六　角宿東增八　天田一　太乙　角宿二　角宿東增四　南門一　三公二　角
宿東增五　輔　三公一　平道二　右攝提西增三　右攝提西增二　天門東增七　開陽東增二　天
田北增三　輔東增一　柱九　天門東增八　角宿東增七　天門東增十　衡一　衡二　庫樓四　帝
席西增一　角宿東增六　右攝提二　天門東增九　柱八　輔東增二　右攝提三　搖光　右攝提西
增一　柱七　庫樓一　天田南增四　天田南增六　右攝提一　衡三　柱二　天田南增五　天乙
平北增二　輔東增三　帝席三　異雀七　馬腹一　柱一　平北增三　異雀五　天田二　帝席二
衡四　異雀九　平二　庫樓三　亢宿西增一　亢宿西增二　亢宿西增三　右樞　亢池二　折威西
增一　帝席一　天槍南增一　亢宿內增四　亢宿一　南門南增一

赤道大火宮恆星

亢池三　折威一　亢宿二　柱三　大角　亢池一　天槍一　柱六　亢宿四　庶子西增二　天床一
亢宿北增十二　亢池四　元戈　天槍二　柱五　折威南增二　亢宿北增十一　柱四　亢宿東增六
后宮　大角東增一　亢宿三　亢宿東增五　異雀八　車騎三　天槍三　折威二　庫樓二　天槍南
增二　梗河三　車騎二　招搖　南門南增二　南門二　梗河二　折威三　騎官十　陽門一　陽門
二　折威四　庶子　折威五　左攝提二　左攝提三　左攝提南增三　左擴提南增二　元戈東增一
亢宿東增七　折威南增三　氐宿西增六　梗河南增五　亢宿東增九　折威南增四　折威南增五
亢宿東增十　左攝提一　梗河一　騎官九　陣車一　陣車內增一　氐宿增西五　氐宿西增七　氐

宿一　天槍東增三　氐宿南增八　亢宿東增八　折威六　左攝提北增一　元戈東增二　氐宿北增
四　騎官四　騎官三　折威南增六　氐宿北增三　陣車北增二　氐宿北增二十九　天床六　氐宿
北增二　陣車二　氐宿北增一　騎官八　氐宿北增二十八　折威七　七公西增六　氐宿北增二十
七　梗河東增四　騎官五　帝　七公西增五　氐宿内增十　氐宿内增九　梗河東增一　車騎一
天床五　騎陣將軍　天槍東增四　三角形一　梗河東增三　梗河東增二　氐宿二　庶子東增一
氐宿内增十一　頓頑二　氐宿内增十二　天床北增一　騎官七　陣車三　蜀西增二　氐宿北增二
十六　三角形南增三　氐宿四　貫索西增一　騎官二　七公七　騎官六　頓頑一　氐宿北增二十
四　氐宿内增十三　氐宿北增二十五　氐宿内增十八　貫索西增二　氐宿北增二十　三角形南增
四　天床二　貫索西增三　三角形西增二　氐宿内增十六　周西增一　七公六　氐宿北增二十三
氐宿東增十五　貫索三　天床北增二　騎官一　氐宿東增十四　天輻西增一　左樞　氐宿北增二
十一　氐宿北增十九　氐宿三　太子　天輻一　七公五　秦　貫索二　七公内增九　天輻二　秦
南增一　從官西增一　氐宿北增二十二　貫索四　周西增五　日西增一　周西增二　周西增三
房宿西增三　七公東增八　從官一　日　七公東增十　周西增　周南增十四　西咸四　七公東增
七　周北增七　周北增六　巴南增一　蜀　貫索五　天乳北增一　三角形二　周北增九　貫索一
蜀北增一　周　從官二　周東增十一　周南增十二　天乳南增三　房宿西增四　周北增十　天乳
周北增八　巴南增二　天乳北增二　巴　房宿西增五　房宿西增二　貫索六　勾陳南增七　西咸

三　房宿西增一　貫索南增十三　房宿西增六　房宿二　周東增十三　異雀六　貫索北增四　積卒二　天床三　房宿一　七公四　西咸二　鄭　房宿三　七公西增十二　罰三　貫索北增五　貫索　七　七公東增十一　西咸北增一　巴東增三　積卒一　西咸北增二　晉西增一　西咸一　房宿四　巴東增四　貫索八　貫索九　貫索南增十二　鈎鈐一　三角形北增一　鈎鈐二　異雀四　罰二　勾陳四　七公西增四　斗西增四　斗西增三　斗西增五　晉　心宿南增一　心宿南增二

上宰　晉北增二　鍵閉　罰内增二　罰西增一　貫索北增六　罰東增三　晉東增三

赤道析木宫恆星

斗二　斗南增七　貫索東增十一　七公三　粱　罰一　七公東增十三　斗南增六　斗三　斗内增二　河間西增一　楚　貫索東增七　心宿北增三　貫索東增十　心宿一　異雀三　貫索東增八　貫索東增九　車肆一　列肆一　東咸三　心宿北增四　河間　斗南增九　斗南增八　天紀一　七公二　東咸二　天紀北增三　天紀北增四　斗内增一　斗一　心宿二　心宿北增五　天紀北增二　東咸一　東咸四　天床四　列肆二　天紀北增五　勾陳南增八　河中　勾陳南增十　斗南增十　斗南增十一　心宿三　七公東增十四　少宰　斗四　三角形三　列肆東增四　韓　七公北增三　勾陳南增九　天紀南增六　斗五　尚書四　七公東增十五　東咸東增一　斛南增五　斛南增六　龜四　斛南增四　尚書二　列肆東增三　七公北增二　七公北增一　心宿東增六　天紀南增七　心宿東增八　天紀二　七公一　列肆東增二　斛南增二　斛四　斛内增一　尾宿二　天紀北增

一尾宿一　心宿東增七　天紀南增八　斛南增三　神宫　車肆二　尾宿三　龜五　斛三　列肆東增一　尚書三　天紀南增十　龜一　宦者西增三　尾宿北增一　天紀南增九　車肆北增一　魏西增一　天紀北增十二　斛一　七公東增十六　天紀北增十一　宦者西增二　宦者西增一　魏西增二　天江西增九　斛二　宋西增一　魏西增三　宋西增二　天江西增十　車肆北增二　天江西增十一　天紀三　宦者一　天江西增八　宦者二　天紀四　宦者内增四　異雀二　宦者三　尾宿四　尚書五　異雀一　尚書增二　宋　天紀五　魏西增五　天江一　魏北增四　天江二　天棓西增九　宦者四　天江内增三　天江東增二　天江北增六　帝座　龜二　杵三　魏　宗正西增三　天江北增七　女牀一　天江内增四　天江三　市樓四　宦者東增五　天江南增一　市樓南增一　天紀六　龜三　上弼女牀二　天江内增五　魏東增六　魏東增七　天江四　糠　天紀内增十三　候西增二　杵二　勾陳三　市樓五　天棓南增七　尾宿九　魏東增八　候西增一　宗正西增二　女牀三　天籥西增一　天籥六　天籥七　尾宿八　杵一　尾宿五　天籥五　天棓南增八　孔雀一　趙　趙北增一　候南增五　候北增三　南海　候　候北增四　天籥四　尾宿七　市樓一　天棓三　天紀七　趙南增二　市樓二　天棓内增一　天棓二　天棓南增六　天棓南增五　天籥三　市樓六　尾宿六　天棓南增四　宗正一　天籥二　天籥八　宗正南增一　趙東增三　天棓五　天棓北增十　傳説　尚書一　宗正二　九河　魚　尚書東增一　九河南增一　天籥一　天紀八　御女三　天棓内增二　天棓東增三　天紀北增十四　燕　斗宿西增一　女史西增一　東海西增一　天籥東增四

天紀九　宗人一　中山西增一　宗人二　帛度南增三　中山西增二　宗人三　市樓三　天宿一
箕增一　帛度一　天增四　帛度南增一　屠肆西增一　宗人四　屠肆二　宗人北增二　宗人北
增一　宗人東增三　中山北增三　中山南增七　中山　帛度南增二　帛度二　斗宿　孔雀北增二
女史

赤道星紀宮恒星

斗宿北增二　天柱西增六　箕宿四　中山北增四　箕宿二　孔雀三　箕宿三　屠肆北增二　宗人東
增四　鼈一　東海　屠肆內增三　斗宿斗增三　中山東增六　織女西增四　中山東增五　斗宿二　扶
筐北增一　屠肆一　孔雀八　東海東增二　織女西增三　鼈十一　鼈十　東海東增四　柱史南增二
柱史南增一　天柱五　東海東增三　天柱內增五　扶筐三　孔雀內增一　天弁一　柱史　扶筐北
增二　御女四　斗宿北增四　農丈人　孔雀四　織女一　天弁二　扶筐二　天弁三　斗宿一　鼈
二　孔雀五　徐西增一　天弁北增一　天弁四　建西增一　宗一　孔雀北增三　建西增五　宗二
織女二　織女內增二　織女三　織女南增一　建西增四　天弁北增二　扶筐一　天弁北增三　建
西增六　建西增三鼈九　斗宿四　建西增七　漸臺南增六　漸臺南增五　漸臺二　鼈八　齊　建
北增二　建一　徐北增二　天弁五　徐　齊北增一　徐南增四　鼈三　漸臺一　斗宿六　吳越西
增二　吳越西增三　扶筐四　輦道一　吳越西增一　天弁六　鼈七　漸臺三　建二　天弁九　鼈
四　漸臺南增四　斗宿五　天弁八　鼈六　鼈五　扶筐五　天弁七　御女二　吳越　輦道北增一

漸臺北增二　建三　勾陳内增六　吴越南增四　勾陳二　扶筐六　徐東增三　少弼　漸臺南增三
漸臺四　扶筐七　天弁東增四　狗西增六　右旗西增二　輦道二　建四　右旗西增一　天淵二
齊東增二　天淵一　輦道東增二　齊東增三　天淵三　吴越東增五　扶筐東增四　天弁東增五
建五　建六　建南增八　右旗西增三　輦道三　吴越東增六　齊東增四　天厨西增一　扶筐東增
三　狗二　天柱四　狗北增五　狗北增四　狗北增三　奚仲一　齊東增八　天厨一　右旗三　左
旗西增三　吴越東增七　左旗西增二　右旗四　輦道南增八　左旗西增四　齊東增七　右旗西增
九　左旗西增五　右旗内增四　右旗西增八　輦道四　右旗西增七　齊東增五　左旗西增六　齊
東增六　天柱内增一　天厨六　御女一　輦道南增七　狗北增一　右旗南增十　狗一　奚仲東增
一　右旗一　輦道南增九　右旗八　右旗六　奚仲二　左旗西增七　右旗五　右旗七　狗東增二
右旗東增六　左旗西增一　天鷄西增一　輦道東增三　右旗二　右旗東增五　天鷄一　左旗一
輦道南增六　左旗二　奚仲三　河鼓北增二　河鼓北增三　孔雀九　天津西增一　天鷄二　波斯
一　河鼓北增一　天厨二　左旗北增八　河鼓西增九　河鼓三　輦道東增四　奚仲四　左旗三
河鼓北增四　輦道五　右旗南增十一　天津二　天雞東增二　左旗四　河鼓二　左旗北增九　河
鼓東增五　天桴四　左旗北增十八　狗國一　右旗九　右旗東增十二　左旗内增二十九　狗國四
天津西增二　天桴三　河鼓東增八　左旗北增十七　河鼓一　孔雀六　狗國二　天鷄東增三　河
鼓東增六　奚仲東增二　左旗内增二十八　左旗七　天津西增三　御女東增一　輦道東增五　狗

國三　左旗五　牛宿西增一　奚仲東增七　左旗北增十九　左旗六　奚仲東增六　天廚三　天津
西增四　左旗北增十　牛宿西增三　左旗北增十六　天桴二　牛宿西增二　奚仲東增五　河鼓東
增七　左旗八　左旗東增二十七　左旗東增二十六　奚仲東增三　天桴內增一　牛宿西增四　左
旗北增二十　天津西增五　天桴一　牛宿三　左旗東增二十五　天廚五　天廚南增二　天津西增
六　左旗北增十三　天桴東增二

赤道元枵宮恒星

左旗北增十四　左旗北增十五　天鈎西增一　天廚四　牛宿內增五　左旗九　牛宿南增九　牛宿
內增六　左旗北增十一　牛宿二　左旗東增二十三　牛宿南增八　天津西增七　左旗東增二十四
左旗北增十二　孔雀十一　天津三　天津內增三十八　天柱三　左旗東增二十一　牛宿東增七
牛宿一　天鈎西增二　天津北增三十七　奚仲東增四　天津西增九　天津西增十四　天津西增八
天鈎二　左旗東增二十二　牛宿四　天津一　天津南增十五　牛宿六　離珠南增一　牛宿五　天
狗西增三　離珠四　天柱內增二　敗瓜西增一　天津西增十　天鈎西增四　波斯二　天津南增十
六　天津北增三十六　天津西增十二　敗瓜一　天津西增十一　孔雀七　敗瓜二　天津北增三十
五　羅堰西增一　雞珠一　瓠瓜五　天津北增三十四　波斯九　天津西增十三　羅堰一　天鈎三
離珠二　天津南增二十一　羅堰二　瓠瓜四　敗瓜四　天津南增二十　離珠三　敗瓜三　敗瓜五
波斯十　天津東增十七　天津東增二十二　瓠瓜北增五　瓠瓜一　瓠瓜南增一　孔雀東增四　天

津南增十八　波斯十一　天田四　羅鈎三　瓠瓜三　天津四　天津南增二十三　女宿一　女宿四
車府北增一　瓠瓜二　上衞　天津南增十九　波斯八　敗瓜南增三　天津九　天田二　瓠瓜南增
二　敗瓜南增二　天津內增三十　女宿三　女宿東增一　女宿二　螣蛇西增一　天鈎一　蛇尾四
天鈎四　九坎三　天津東增三十三　越　天津東增三十一　天津西增二十四　女宿南增五　天柱
內增三　瓠瓜南增四　瓠瓜南增三　天柱內增四　天津南增二十五　天津東增三十二　鄭　離瑜
西增一　天壘城九　司非西增二　虛宿西增四　周二　人西增一　女宿東增三　天壘城八　女宿
東增二　天津五　波斯三　虛宿西增一　離瑜西增二　周一　女宿東增四　車府五　秦一　虛宿
西增三　天田三　車府內增二　虛宿西增二　齊　九坎二　趙一　趙二　天津內增二十九　車府
六　天壘城十　九坎四　天田一　車府北增三　司非一　司非南增一　離瑜一　人西增二　天柱
一　天壘城七　楚　司非二　天津八　離瑜二　天壘城十一　虛宿二　秦二　孔雀十　天津六
虛宿西增五　九坎一　天津東增二十八　天津七　虛宿西增六　代一　司危二　螣蛇六　天壘城
十二　魏　天柱二　人二　司危一　天壘城六　波斯四　天壘城十三　虛宿西增八　虛宿西宿七
燕　韓　天鈎五　離瑜三　天鈎北增五　晉　天鈎北增六　螣蛇五　天津東增二十六　離瑜東增
三　天津東增二十七　虛宿一　蛇尾三　人一　車府北增四　代內增一　代二　天錢北增三　天
錢西增四　天鈎北增七　壘壁陣二　天鈎北增八　天壘城一　車府南增八　車府四　危宿西增一
上衞東增一　危宿西增二　人內增三　壘壁陣三　司命一　司祿二　司祿內增二　東府七　代南

增二　哭西增一　波斯五　壘壁陣一　危宿西增三　哭西增二　司命二　天錢三　哭西增三　車府内增五　天鈎南增九　天鈎南增十　車府南增七　天壘城二　危宿三　螣蛇七　車府南增六人四　天壘城五　天錢二　天壘城三　臼一　天壘城四　壘壁陣四　臼二　螣蛇四　人三　司禄南增一　螣蛇三　上衛東增二　造父五　人南增四　造父四　造父北增五　敗臼一　臼北增一哭一　造父在增四　上衛東增三　臼内增二　臼内增三　波斯六　勾陳内增五　波斯七　危宿北增十一　天錢北增二　天錢北增一　螣蛇八　危宿内增七　危宿西增四　危宿北增八　羽林軍一危宿北增十　天錢一　泣西增一　蓋屋一　敗臼二　少衛西增一　危宿北增九　蓋屋二　鶴一壘壁陣五　危宿一　危宿内增六　造父南增一　天錢四　杵三　羽林軍二　天錢五　臼三　少衛西增二　造父北增三　泣西增二　臼白增四　天鈎六　哭北增四　哭二　天鈎南增十一　天鈎南增十三　危宿二　天鈎南增十二　杵西增一　臼南增五　杵二　造父内增二　羽林軍六　鶴十二

赤道娵訾宫恆星

鳥啄一　羽林軍三　鶴内增一　造父二　造父三　泣二　虚梁一　少衛西增三　杵一　少衛西增四　羽林軍十八　螣蛇九　泣一　羽林軍四　危宿東增五　鳥啄二　墳墓二　鶴十　士公吏一羽林軍五　臼四　天鈎南增十四　羽林軍七　車府三　羽林軍十七　唐梁二　離宫西增一　墳墓四　羽林軍十五　蛇尾二　壘壁陣内增一　墳墓北增一　螣蛇十　鶴内增二　鶴十一　螣蛇二墳墓北增二　墳墓一　土公吏二　羽林軍十六　敗臼内增一　墳墓北增三　壘壁陣六　羽林軍十

九　杵東增二　天鈎七　車府北增十九車府南增九　造父一　離宮西增二　羽林軍十一　墳墓南
增四　螣蛇一　鶴九　羽林軍十四　墳墓三　虛梁三　車府南增十　羽林軍二十　羽林軍八　少
衞北增七　離宮南增三　螣蛇十五　鶴二　離宮南增四　車府南增十一　敗臼四　雷電一　天皇
大帝　少衞西增五　車府二　天鈎南增十五　鶴四　羽林軍二十一　離宮三　羽林軍十三　壘壁
陣北增二　車府南增十二　天鈎南增十六　少衞西增六　離宮四　羽林軍十　鶴三　車府南增十
三　離宮南增五　羽林軍十二　雷電二　羽林軍二十五　離宮一　羽林軍二十二　羽林軍二十四
羽林軍九　離宮二　敗臼三　車府南增十四　壘壁陣七　雷電三　羽林軍二十三　天鈎八　車府
一　羽林軍二十六　壘壁陣内增三　羽林軍二十七　天綱　雷電南增二　北落師門　車府東增十
五　室宿西增一　鶴六　虛梁四　霹靂西增二　雷電北增一　勾陣南增一　霹靂西增一　車府東
增十六　車府東增十七　霹靂一　室宿二　羽林軍四十二　室宿一　鶴八　羽林軍四十一　螣蛇
十六　羽林軍三十　雷電四　羽林軍四十　室宿東增二　勾陳六　霹靂南增三　鶴七　羽林軍二
十八　螣蛇北增十三　螣蛇南增四　螣蛇内增二　羽林軍二十九　雷電南增三　雷電南增五　車
府東增十八　雷電南增四　室宿東增三　少衞　螣蛇十七　壘壁陣八　鶴五　羽林軍三十九　室
宿東增四　羽林軍四十三　霹靂二　羽林軍三十八　羽林軍三十七　羽林軍三十六　螣蛇十八
螣蛇南增七　霹靂北增四　螣蛇南增六　螣蛇内增三　離宮五　天鈎九　室宿東增五　螣蛇南增
八　羽林軍三十五　室宿東增六　羽林軍三十四　離宮南增六　雷電五　雷電北增六　室宿東增

七　離宮六　羽林軍三十三　螣蛇十四　螣蛇北增十四　雲雨一　雲雨內增四　螣蛇南增五　離宮北增八　霹靂三　雷電六　雲雨南增一　雲雨二　羽林軍三十二　螣蛇南增九　雲雨南增三　火鳥一　羽林軍三十一　離宮東增七　雲雨南增二　火鳥二　壁宿西增二　壁宿西增一　雲雨內增五　螣蛇南增十　雲雨北增六　火鳥三　火鳥內增一　雷電東增七　螣蛇十九　勾陳內增二　螣蛇二十二　羽林軍四十四　霹靂四　螣蛇內增十二　鈇鉞北增一　螣蛇二十一　鈇鉞一　雲雨四　少衛東增八　羽林軍四十五　雷電東增八　霹靂北增五　壁宿西增三　鈇鉞二　鈇鉞南增二　雲雨北增七　螣蛇二十　螣蛇十三　壘壁陣北增四　傳舍一　雲雨三　王良北增一　壁宿西增四　鈇鉞三　霹靂北增七　雲雨東增八　壁宿西增八　壁宿西增九　霹靂北增六　壁宿西增七　壘壁陣北增五　雲雨東增九　螣蛇十二　霹靂北增八　鳥喙三　八魁三　壁宿西增六　鳥喙內增一　壘壁陣九　鳥喙七　螣蛇十一　霹靂五　壘壁陣十　壁宿西增五　壘壁陣十二　土公北增一　土公一　八魁二　王良北增三　八魁四　壘壁陣十一　壁宿南增十　王良北增二　壁宿二　壘壁陣東增六　王良一　壁宿西增十八　壁宿陣東增七　火鳥四　土公北增二　螣蛇東增十一　八魁一

新星時增

天中亦時增新星。西一九零一年，巴路乜門土座現一新星，蓋流星集成團，與長周期之變光星相集，遂爲新星。

癸亥年，美國天文學教授沙萊，發現一新游星，名佛爾旨，大二千五百英里，距日甚近。又加掌博士發現二恆星，兩互交蓋，連星也。其熱度三萬，其距吾地五千光年。其大，一過吾日七十五倍，一過吾日六十三倍。

居所之主星北極乃一星團之衆拱非全天之衆拱

北極爲衆星所拱，今有謂非也。克廉星與水素星乃居其所，爲衆星所拱，然此二星，究誰爲主星，則未能定也。昔人有謂昴星爲居所，然昴星四百餘，自爲一星團，中有居所者如吾日，然合以拱北辰，此與日同班耳。有謂天狼星居所，今知天狼星爲吾比鄰居者。又有謂南極老人星爲居所者，後以爲皆未是。然或北極另爲二十八宿一星團之居所，而非全銀河天之居所，以星團甚多，如各分州郡。然銀河天中必有爲衆星所拱者之主星，克廉、水素未知定否？今遠鏡萌芽，或未測出也。二十八宿所周環，乃銀河天中一星團，只可名爲北辰宿團，吾人誤以省會爲國都耳。

生吾日之大日

今測有 NGC 七十六號之球狀星羣，約二百萬星團聚成者，其光最大距吾地二十二萬光年，或謂是銀河主星，生吾日之大日。吾擬顛倒星字以形容之，或作大日以形容之，文曰「旮」。

銀河冰塊成天之異說

奥地利天文學者路卑伽路，創銀河冰塊構成天說，謂吾日之黑子紅焰，月之斑點，火星之運，地球之冰海。地之冰塊落爲流星，月之斑點爲噴火口，銀河落下冰塊，爲火星溝渠。其說謬甚，不必辨。

連星附

連星總論

銀河天中九等星凡十萬，中爲視連星六千，當十六分之一。又中有四分之一爲分光連星。或謂有一萬三千連星迴轉銀河天。有雙星合而迴轉者，或由多數星相遇而相合，或由兩星相遇而相合，既合則互紐而迴轉，外物不犯則久轉而不息。今所易測見者爲先射連星圖，合連星知其距離者十有一。表如左：

連星中之現視連星

現視連星之名	士辟多路型	週期	軌道長短半徑	離心率	視差	質量	迴轉運動量
碧瓦士士	85 G	二六年	○·七六秒	○·四三	·○七秒	二·一	二

現視連星之名		士辟多路型	週期	軌道長短半徑	離心率	視差	質量	迴轉運動量
希路姑力士	S	G	三五年	一·三六秒	·四六	·二秒	一·二	五
夫羅裳小犬	A	F	三·九年	四·〇五秒	·四五	·三〇秒	·一六	九
施利亞士大犬	A	A	四九年	七·五九秒	·五〇	三八秒	三·三	三六
大然	G	G	六〇年	二·五秒	·四一	·一八秒	〇·七	二
驚打路士	a	G	八一年	一七·七一秒	·五三	·七六秒	一·九	一四
蛇遠	70	K	八八年	四·五五秒	·五〇	二八秒	二·二	一九
意利打奴士	O^2BC	G	一八〇年	四·七九秒	·二三	二七秒	〇七	四
乙女	V	F	一九四年	三·九九秒	·九〇	·〇七秒	·四九	四五
加施阿比亞	N	T8	二三三年	八·五一秒	·五一	·一九秒	二七	一六
雙子	a	A	三〇〇年	六秒	·五	·〇八秒	·六五	一〇〇
現視連星十一個之平						二·四	二三	

連星中之分光連星

（乙）分光連星是變光星也，明見其軌道之向于地球者有八個，大概九千。

帶食分光連星	士辟多路型	週期	質量	迴轉運動量
希路姑力士U	B_3	二·〇五日	一·〇五	一一
艦　V	B_p	一·四五	三·八一二	一〇八
乙女　A	B_2	四·〇一	一·五四	三一
辟路姑力士RX	B_{p^9}	一·七八	一·八	[illegible]
B型分光連星四個之平均			一·六·五	三八
馭者　B	A_p	三·九六	四·七〇	四·四
牡牛　A	A_2	三·五七	五·〇	四·四
加施阿比亞RZ	A	一·二〇	一·〇	〇·二
天祥　S	A	二·三三	一·〇	二·三
A型分光連星四個之平均			三·二	二·八

（丙）路丁輔德者調查分光連星而統計之，推算二十五個B型分光連星之平均質量爲一一・〇，又推算三十四個A型乃至K型分光連星之質量爲二・七。

今暫定其平均質量以定B型分光連星之週期，爲二日乃至百日，則迴轉運動之量一・三乃至五・七矣。

連星之迴轉運動量過吾日數百倍

（丁）吾日之迴轉運動量似易計算，然其量之過於〇・〇二二以上者極少，約而言之有二。

（一）天體之迴轉運動量，觀其大體有相似之處。

（二）士辟多路B型量之迴轉運動量，比於A型，乃至K型之量較大。

（三）吾日之迴轉運動量，通較于連星，實少數百倍矣。

恆星多連星

恆星多雙星。肉眼望見一星，自遠鏡視之，乃多連星。然望見雖甚近，實則相距已甚遠。然二星實有相互引力，故位置亘古不變，然曲線之運動實有少變者。

雙星約一萬三千對

大概雙星約一萬三千對，其中有八百對雙星距離最近，有特殊之運動，更有九十對軌道甚遠，大約三千年至一千年，若百年者甚少矣。

雙星大小略同亦有大爲主星而小爲伴星

雙星大小略同，故謂之雙星。亦有兩點同運動中心，而光色大異者，其大者爲之星光，色赤或黄，小者隨星亦各伴星光，色青或緑。

婁宿二星同大，成雙星。北河二星同大，成雙星。啤路修士座之卑惰，亦以二星同大，成雙星。開陽、天王將軍以大小二星成雙星。巴路栭例士座之亞路化星，獅子座之庵瑪，牡羊座之庵瑪，冠座之監瑪星，巴路栭例士座之羅星，蝎座之卑大星，牛鈞座之意步西弄星，及批星琴座之這大星，巴路栭例士座之爹路大星，白鳥座之卑大星，及爹路大星龍座之快星及阿埋栭弄星，海豚座之庵瑪星，皆連星也。

連星合轉當是星之雌雄

連星合轉之理，莫能測定之。連星亦日也。古者且謂天無二日矣，吾謂一陰一陽之謂道，故電有正負陰陽之相感，物有雌雄牝牡之相合。故鳥有比翼，木有連理，人有孿生，水母目蝦乃是常物。雙星乃星之雌雄、陰陽、正負，自相引相合，相入交遘，互抱纏結一體，不能分離。物無大小，要不外陰陽吸拒而已，何足疑哉！知此雙星，則不必謬託牽牛、織女矣。

連星亦日有游星繞之

連星之周圍，亦有游星繞之焉。以吾日之小，尚有無量游星，而海王之大已如此，況連星之大萬倍于吾日，則其游星之多而且大，豈可思議哉！吾地，最小之游星耳，人物如此之異，國土如此之多，政教風俗如此之繁變矣。況連星之游星無量且廣大乎？其人物之詭，國土之繁，政教風俗之變，更豈可思議哉！由此而觀，一國之大帝固不足數，卽一教之主，若耶、佛、回者，置在可思議〔一〕之游星，其多數及變化如何耶？

肉眼所見一星實雙星或數星所成

肉眼所見爲一星者，實則三四星，或爲多數星，亦名多子星。若巨蟹座之睒大星，以三星合成。若阿鳌翁座之睒大星，雙星下有二隨星，以四星合成，其二星非常之近，其第三星稍遠。

星羣

雙星多星之外，天界尚有數千百之星，或無數之星成一星團之羣。卽如昴星，肉眼只見七曜，其實此七大星中心有亞路喬呢爲主星，密測其距離位置，有四百以上之小星團，繞如星霧，互相吸引者。其

〔一〕按，「可思議」上疑脱一「不」字。

運同一方向，然彼此各別。近銀河天多有星羣，若蟹座之鋪例些步星，亦一小星羣也。

按，昴與鋪例些步星之羣，在吾銀河天中爲怪例。實則，天有吾日之一星團，有吾地與各游星繞之，亦一羣也。但昴星有四百之大羣，而吾日爲小團耳。且昴星之周繞者，四百皆恆星，而吾日則無恆星相繞，尤爲小耳。大概星羣星團，如州郡縣然，各有分屬，各有本位。故有單星者，如吾日是也，有雙星者，同等互引爲一體，亦一小團也。雙星有主從而合繞，則以雙星而自爲一團矣。有多子星，以三四星合爲一團者，則亦有以五六七八十星合爲一團者。吾地今于星也，詩始萌芽，將來測現日盛，必有數十星爲一團者。然無論單星、雙星、多子星、羣團星，要皆分體生成于七十一紀之大日，而同爲兄弟也。彼雙星之同然，或有大小主從，或爲一星之所分，多子星、星羣星之各星，或爲其中一主星之所生，若吾日之生各游星然。或從星雲散成者，則爲恆星而有光，從日體分出者，則爲游星而無光耳，必有一于此矣。

變光星附

變光星總說

恆星之光色有強弱，亦有光變色變者，或連續徐變，或無定之變，或有定期之變，或短周期，或長周期，或忽現忽滅二千年前。

噫大星從古一等今降七等

阿路牙士座之噫大星，西一千八百四十三光最強，除須鳌烏士星外，其光第一者，今降爲第七等星，肉眼所不見。

一時星

忽現忽消之星，今測得十五星，謂之一時星。西前一百三十四年，天文學祖協扒路卡士，發現蝎座其中一星。其後西一千二百八十九，現一新星。西一千五百七十二年二月，卡須阿披亞座現一星光如木星，肉眼白日可見，次年三月不見。西一千八百六十六三月現可羅拿波例亞鳌士星，在二等星，光漸滅，今在九等半。

西一千八百七十六十一月現那故須遨尼星，一月後失。一千八百八十五現晏多羅蔑打座，六月後失。西一千九百零零現三等星，光次第滅，今存在十二等星。至近，壬子年新星現雙女座。今若鯨座之喂拉，牛飼座之卡麼瑪，天秤座之爹路，大琴座之呢大，鷲座之衣大，射手座之嗌士，牡牛座之林大水加士士座之卑大，呸路賒士座之卑大星，皆是也。

短期變光星

短期變光星，有七時十分之四，乃至三周間變色。

長期變光星凡七十

長期變光星有七十星，若天秤座之的路，大約二日八時間變漸復舊，呸路賒士座之照大星，約二日二十一時變光度，此呼食變光星。

連星多光色

又輝星號主星，暗星號餘里，合成連星。兩距一千零八十五萬里，二星相銜有如日食。又長周期，通常六個月乃至兩年一變，凡二十星。天櫃每三十五日現白黃色，又變赤色，再由赤變黃白復原，必有他大日之映帶關係矣。鯨座之哫拉星，周期之三百二十九日，乃至三百三十一日十時，光力變更在二等至九等間，或二三等之間。

恆星有相食光亦變

恆星中亦有恆星食，如月食然，則光亦變。約二日二十一時變光，或十時至四日半變光。

恆星光變之奇，其理由多不可解。或謂恆星之面，如日有黑點，點有大小，恆星自轉而黑點發見有大小強弱，故光有變也。或星經久，則光力減。或恆星之衞星無光者遮恆星，則光亦減也。或雙星互轉至近日點，則深入而生衝突，光遂激增。然此皆言短期者。若長期者，則或流星集合成一小天體也。天不可測，數者必有一焉。

霞雲天篇第九

霞雲天總說

銀河天之上爲霞雲天，亦名渦雲天。覆蓋如渦，大星白如雲如霧，亦名星雲星霧，故名渦雲。其光與恆星周圍直接，中央明爛如核，五色如霞，遠者漸薄漸消。

霞雲天爲他天之別一宇宙

霞雲天中各個星，非特肉眼所不見，卽積星之團，亦非肉眼所能見，必強力之望遠鏡，乃能見之于極遠天。多散布于獅子座、琴座、獵犬座、大熊座、處女座。已測天九千里一萬，爲別一之宇宙。

霞雲天多奇形怪狀不可測

星雲白色或一點，或作細片狀，或橢圓狀，或小球，或中央光強，其中別有小星或星雲，全體同放一光，或爲環狀星雲，四面游星拱中心，暗星亦多雙子，呼爲渦狀星雲。其他奇形怪狀之星雲甚多，若翁拖羅喴敖星雲尤濃麗，或多子星，或雙星，或一星之合成團。若西一千八百五十二，牡牛座中發見一星雲，一千八百六十一年失之，次年又少見其光。其他亞路可座中星雲又變其形，其變光變形及周期，今皆不明其故。

北斗間荑朱須亞五十一號之星雲爲生大日之大日或統霞雲天者

北斗七星之鄉，大熊座有哯諸須亞五十一號之星雲至大，其迴轉至速，經十年乃一迴轉，何止萬光年之距離。放緑色光，自我銀河之地望之，似在南極間。此爲大日之大日，或即七十六號大日所託，乃生我太陽者，乃爲大天，會生孕育我銀河天。此大天之宇宙，直徑三十萬光年，我日在其中，距離六萬五千光年，統此霞雲天之大宇宙。

霞雲天之星雲團十六萬吾銀河天爲十六萬之一

其星雲團凡十六萬，吾銀河天乃十六萬星雲團之一也。通常之星團皆在此大天之赤道線密集，吾銀河天之邊際惟星雲，則離立大天南北兩極間，其星狀弘大渦狀引尾，可想以太天之大而無極也。

星星團分布銀河天外如州郡今所測銀河天各星團

五十一星團。中若一大日，上下各有緑如環，觀此則每團各爲世界，各有大日生諸小日而環繞之者。此以五十一圖，如省府縣之相屬尤明矣。

亞末尼蔑氏亞嘘希臘利固星團。中團如日。

亞美加先拖利星團。中團如大日，比上尤大，且多千倍。

阿連星團。上團分三，左團如日，中大張如菊花，右方下團亦三，左如日稍細，中大張如菊花，比上團減半，右四張如雲。

咽他士星气團。英約諭嘘士徂發現，在諸星團中，一片大雲如玲瓏湖石。

沙竭他利士三星團。上二星如八字甚廣，左撤下一天星，下參分二叚，上叚如山字，下叚如蝙蝠。

星雲二團。上片雲最明，下片雲分東西，左右而濛，右片小而明白。

新星團。新發現而未名者，上大團如日，光最爛，夾此日左右二片，下片尤大，中四片如雲。

霞雲天詩

我所思分霞雲天，中有百億之星團，綠光紫燄各熒然，爛爛縵雲照大圜。吾銀河天星日二萬萬，只爲一部局之星躔，如銀河天者十六萬，各爲鄉縣分屬焉。位吾銀河之兩極，邈邈遠極隔不連，團各大日生小日，各爲一天相迴旋。阿連如菊花之雲咽，他士如湖石玲瓏穿，沙竭他利八字如山如蝠懸，亞美加先拖利中團大日光倍千。新發星團尤爛爛，如球如環如渦狀。寄形詭色多難言，二夾大日四雲纏。羨美須亞五一號，直徑三十萬光年。實生大日之大日，吾日之祖不統此。霞雲天，蒼蒼無極亦可當，仰觀歎息庶遊仙。

客星

吾因思吾列史所述之客星，皆在吾銀河天外，而霞雲天中之星偶入吾銀河天者也。

隋書客星：「客星者，周伯、老子、王蓬絮、國皇、温星，凡五星，皆客星也。行諸列舍，十二國分野，各在其所臨之邦，所守之宿，以占吉凶。周伯，大而色黃，煌煌然。見其國兵起，若有喪，天下饑，衆庶流亡去其鄉。瑞星中名狀與此同，而占異。老子，明大色白，淳淳然。所出之國，爲饑爲凶〔一〕，爲喜爲怒，常出見則兵大(喜)〔起〕，人主有憂。王者以赦除咎則災消。王蓬絮，狀如粉絮，拂拂然。見則其國兵起，若有喪，白衣之會，其邦饑亡。又曰，王蓬絮，星色青而熒熒然。所見之國，風雨不如節，焦旱，物不生，五穀不成登，蝗蟲多。國皇星，出而大，其色黃白，望之有芒角。〔見〕則兵起，國多變，若有水饑，人主惡之，衆庶多疾。温星，色白而大，狀如風動搖，常出四隅。出東南，天下有兵，將軍出於野。出東北，當有千里暴兵。出西北，亦如之。出西南，其國兵喪並起，若有大水人饑。又曰，温星出東南，爲大將軍服屈不能發者。出於東北，暴骸三千里。出西亦然。」

宋史景星：「景星，德星也，一曰瑞星。如半月，生于晦朔，大而中空，其名各異。曰周伯，其色黃，煌煌然。所見之國大昌。曰含譽，先耀似彗，喜則含譽射。曰格澤，狀如炎火，下大上銳，色黃白，起地上，見則不種而穫。曰歸邪，兩赤彗向上，有蓋。曰天保星，有音，如炬火下地，野鷄鳴。皆五行沖和之氣所生

〔一〕此下隋書原文尚有「爲善爲惡」四字。下「起」字亦據改。

也。其王蓬芮、玄保、昭明、昏昌、旬始、司危、菟昌、地維臧光之類，亦皆爲瑞星。然前志以王蓬芮已下〔爲下〕〔一〕星爲妖星。又奇星古無所考，見于仁宗、英宗之時，故附於景星之末云。」

宋史客星：「客星有五：周伯、老子、王蓬絮、國皇、温星是也。周伯，大而黄，煌煌然。所見之國，兵喪饑饉，民庶流亡。老子，明大純白，出則〔爲饑〕〔二〕爲凶，爲善爲惡，〔爲喜爲〕怒。王蓬絮，狀如粉絮，拂拂〔然〕。見則其國兵起，有白衣之會。國皇，大而黄白，有芒角。主兵起水災，人主惡之。温星，色白，狀如風動摇，常出四隅。皆主兵。此五星錯出〔于〕〔乎〕五緯之間，其〔見〕無期，其行〔無〕度，各以其所在分野而占之。又四隅各有三星：東南曰盜星，主大盜；西南曰種陵，出則穀貴；西北曰天狗，見則天下大饑；東北曰女帛，主有大喪。」

宋史妖星：「妖星，五行乖戾之氣也。五星之精，散而爲妖星，形狀不同，爲殃則一。各以其所見日期、分野、形色，占爲兵、饑、水、旱、亂、亡。星長三尺至五尺，期百日，等而上之，至一丈，期一年，三丈，期三年，五丈，期五年，十丈，期七年，十丈已上，不出九年。蓋妖星長大，則遠而殃深，短小則期近而殃淺。天棓〔星〕乃歲〔星〕之〔積〕〔精〕，主奮爭。天槍如彗，〔山〕〔出〕西〔方〕，長二三尺，名天槍，主破國。天猾主招亂。天欃出西方，長數丈，主國亂。蚩尤旗類彗而〔後〕曲，主兵。天衡狀如人，蒼衣赤首，不動，主下謀上，滅國。國皇大而赤，去地三丈，如炬火，主内寇。及登主夷分，主恣虐，且見則主弱。〔昭〕

〔一〕「爲下」二字據中華書局標點本宋史刪。

〔二〕「爲饑」二字據宋史原文補。按，下引宋史文脱誤甚多，隨文改正或補出，不一一説明。

明如太白，光芒不行，主兵喪。司危，天官書如太白，有目，去地〔可〕六丈，大而白，其下有兵，主擊強。五殘如辰星，去地六七丈，其下有兵，主奔亡。六賊去地六丈，〔大〕而赤，有光，出非其方，下有兵（主）喪。獄漢青中赤表，下有三彗，去地可六丈，大而赤，數動。（天奔）〔大賁〕主滅邪暴兵。燭星主滅邪。絀流主伏逃。茀星、昴、孛星主災。旬始出北斗旁，如雄鷄，見則更主。擊咎主大兵，有反者，大亂。天杵主牂羊。天柎主擊殃。伏靈見則世亂。天敗主鬬衡。司姦主見怪。天狗有毛，旁有短彗，下如狗形，見則兵饑。天殘主貪殘。卒起有謀反，主驚亡。枉矢色黑，蛇行，望之如有毛目，長數匹者，見則兵起，破女君臣憂，上下亂。拂樞主制時。滅寶主代亂。繞綎主亂孽。驚理主相屠。大奮祀主招邪。天鋒彗象，形似矛鋒，見則兵起，有亂臣。招星有三彗，兵出，有大盜不成，又主滅邪。蓬星大如二斗器，色白，出東南方，東北主旱，或大水。長庚星如一匹布著天，見則兵起。四填大而赤，可二丈，爲兵。地維臧光星如月，始出，大而赤，去地二丈。東南，旱；西北，兵，出東北，大水。老子星色白，爲善爲惡，爲饑爲凶，爲喜爲怒。營頭星有雲如壞山墜，〔所墜〕下有覆軍流血。積陵出西南，長三丈，主兵，（人）〔小〕饑。昏昌出西北，氣青赤色，中赤外青，主國易〔政。莘星出西北，狀如環，大則諸侯失地。白星如削瓜，主男喪。菟昌有赤青環之，主水，天下改易。〕濛星赤如牙旗，長短四面，〔西〕南最多，亂之象。長星出西方。歲星之精，化爲天棓、天槍、天猾、天衝、國皇、及登、蒼彗。火星之精，化爲昭旦、蚩尤之旗、昭明、司危、天欃、赤彗。土星之精，化爲五殘、六賊、獄漢、大賁、昭星、絀流、茀星、旬始、蚩尤、虹蜺、擊咎、黃彗。太白之精，化爲天杵、天柎、伏靈、天敗、司姦、天狗、天殘、卒起、白彗。辰星之精，化爲枉矢、破女、拂樞、滅寶、繞綎、驚理、大奮杞、黑彗。而月旁祅星，亦各有所生。天槍、天荆、真若、天猿、天樓、天垣，歲星所生也，見以甲寅日，有兩青方在其旁。天陰、晉若、官張、天惑、天雀、赤若、蚩尤，熒惑所生也，出在丙寅日，有兩赤方在其旁。天上、天伐、縱星、天樞、天翟、天沸、荆彗，填星所生也，出在戊寅日，有兩黄方在其旁。若星、帚星、若彗、竹彗、牆星、權星、白藿，太白所生也，出在庚寅日，有兩白方在其旁。天美、天毚、天社、天林、天庥、天蒿、端下，辰星所生也，出以壬寅日，有兩黑方在其旁，見則爲水、旱、兵、喪、饑、亂。」明史客星：客星，「史記天官書有客星之名，而不詳其形狀。敍國皇、昭明諸異星甚悉，而無瑞星、妖星之名。然則客星者，言其非常有之星，殆諸異星之總名，而非有專屬也。李淳風志晉、隋天文，始分景星、含譽之屬爲瑞星，彗、孛、國皇之類爲妖星，又以周伯、老子等爲客星，自謂本之漢末劉叡荆州占。夫含譽，所謂瑞星也，而光芒則似彗；國皇，所謂妖星也，而形色又類南極老人。瑞與妖果有定哉？且周伯一星也，既屬之瑞星，而云其國大昌，又屬之客星，而云其國兵起有喪。其説如此，果可爲法乎？馬遷不復區别，良有以也。今按實録，彗、孛變見特甚，皆别書。老人星則江以南常見，而燕京必無見（現）〔理〕，故不書。餘（皆）〔悉〕屬客星而編次之。洪武三年七月，太史奏文星見。九年六月戊子，有星大如彈丸，白色，止天倉，經外屏、卷舌，入紫微垣，掃文昌，指内廚，入於張，七月乙亥滅。十一月甲戌，有星見于五車東北，發（現）芒丈餘，掃内階，入紫微宫，掃北極五星，犯東垣少宰，入天市垣，犯天市，至十月己未，陰雲不見。十八年九月戊寅，有星見太微垣，犯右執法，出端門。乙酉入翼，彗長丈餘。至十月庚寅，犯軍門，彗掃天廟。二十一年二月丙寅，有星出東壁，占曰「文士効用」，帝大喜，以爲將策進士兆也。永樂二年十月庚辰，輦道東南有星如盞，黄色，光潤而不行。二十二年九月戊戌，(旁)有星見斗宿，大如椀，色黄白，光燭地，有聲，如撒沙石。宣德五年八月庚(申)〔寅〕，有星見南河旁，如彈丸大，色青黑，凡二十六日滅。十月丙申，蓬星見外屏南，東南行，經天倉、天庾，八日而滅。十二月丁亥，有星(星)如彈丸，見九斿旁，黄〔白〕光潤，旬有五日而隱。六年三月壬午，又見。八年閏八月戊午，景星三，見西北方天門，青赤黄各一，大如椀，明朗清潤，良久聚半月形。丁丑，有黄赤色見東南方，如星非星，如雲非雲，蓋歸邪星也。景泰三年十一月癸未，有星見鬼宿、積尸氣旁，徐徐西行。天順二年十一月癸卯，有星見于星宿，色白，西行，至丙午，其體微，狀如粉絮，在軒轅旁。庚戌，生芒五寸，犯爟位西北星，至十二月壬戌，没於東井。五年六月壬辰，天市垣宗正旁，有星粉白，至乙未化爲白氣而消。六年六月丙寅，有星見策星旁，色蒼白，入紫微垣，犯天牢，至癸未，居中台下，形漸微。弘治三年十二月丁巳，有星見天市垣，東南行。戊辰，見天蒼下，漸向壁。七年十二月丙寅，有星見天江旁，徐行近斗，至八年正月庚戌，入危。十二年七月戊辰，有星見天市垣宗星旁，入紫微垣東藩，經少宰、尚書，抵太子后宫，出西藩少輔旁，至八月己丑滅。十五年十月戊辰，有星見天廟旁，自張抵翼，復退至張，戊寅滅。正德十六年正月甲寅朔，東南有星如火，變白，長可六七尺，横亘東西，復變勾屈狀，良久乃散。嘉靖八年正月立春日，長星亘天。七月又如之。十一年二月壬午，有星見東南，色蒼白，有芒，積十九日滅。十三年五月丁卯朔，有星見螣蛇，歷天廏入閣道，二十四日滅。十五年三月戊午，有星見天棓旁，東(北)行歷天廚，西入天漢，至四月壬辰没。二十四年十一月壬午，有星出天棓，入箕，轉東北行，逾月没。萬曆六年正月戊辰，有大星如日，出自西方，衆星皆西環。十二年六月己酉，有星出房。三十二年九月乙丑，尾分有星如彈丸，色赤黄，見西南方，至十月而隱。十二月辛酉，轉出東南方，仍尾分。明年二月漸暗，八月丁卯始滅。三十七年，有大星見西南，芒刺四射。四十六年九月乙卯，東南有白氣一道，闊尺餘，長二丈餘，東至軫，西入翼，十九日而滅。十一月丙寅，旦有花白星見東方。天啓元年四月癸酉，赤星見於東方。崇禎九年冬，天狗見豫分。

按，客星之謂，異于恆星之宿度恆見者。忽而來兮忽而逝，現無定候，故史遷目以客。其瑞星如半月，地維臧光星如月，或大至十丈，或大如日，衆星皆西環，或大如椀，或長十數丈，或上小下大如火，或如炬如旗，如矛如彗，如兩彗，如三彗，或屈折如勾，皆極異之狀，非吾銀河天之恆星故也。蓋銀河天恆星外之星，吾國古人不知，而驚其異狀，故附會以妖祥也。既以星爲占，自當有吉凶，故以圓明者爲景星，尖怪者爲妖星也。而客星不恆見，故歷朝附會不同，一星而各號妖祥也。明史既美史遷不書妖祥，統名客星，盡削占驗，且不書星名，至爲得之。

吾今既定客星爲吾銀河天外之星，則爲霞雲天之星。吾人雖不識不見吾天外霞雲天之星，然得見客星，卽實見天外天之星矣，其爲懽喜踴躍，豈有比耶！此天外天之星，奇形怪狀，與吾天恆星迥異。不獨瑞星周伯之圓明可驚喜，卽欃搶之凶惡亦可懽躍矣。至其光狀之奇，或由各日星光影所射，或眞有此形耶。但日在旋轉中，無不圓之理，想射影所成，或星死而光氣流出，成此長狀，皆或有之。要之，天之變化無窮，不能以吾銀河天之恆星一律定之耳。

中國古數以萬爲止，後以億兆爲極。詩萬億及秭，以十兆爲京。算之京、陔、秭爲千兆，卽歐人之卑論也。後人十進數，則自一十百千萬億兆京陔秭壤溝澗正載極恆河沙阿僧祇阿由那無量數不可思議，凡三十二級。然宇宙甚大，三十二級不能明其多也。印度數爲五十三級，于宇内最多矣。阿毗達磨俱舍論卷十二，一十一爲十，十十爲百，十百爲千，十千爲萬，十萬爲洛乂(億)，十洛乂爲度洛乂(兆)，十度洛乂爲俱胝(京)，十俱胝爲末陀(陔)，十末陀爲阿庚多(秭)，十阿庚多爲大阿庚多(穰)，十大阿庚多爲那庚多(溝)，十那庚多爲大那庚多(澗)，十大那庚多爲鉢羅庚多(正)，十鉢羅庚多爲大鉢羅庚多(載)，十大鉢羅庚多爲矜羯羅(極)，十矜羯羅爲大矜羯羅(恆)，十大矜羯羅爲頻跋羅(河)，十頻跋羅爲大頻跋羅(沙)，十大頻跋羅爲阿芻婆(阿)，十阿芻婆爲大阿芻婆(僧)，十大阿芻婆爲毗婆訶(祇)，十毗婆訶爲大毗婆訶(阿)，十大毗婆訶爲嗢僧伽(由)，十嗢僧伽爲大嗢僧伽(那)，十大嗢僧伽爲婆喝那(無)，十婆喝那爲大婆喝那(量)，十大婆喝那爲地致婆(數)，十地致婆爲大地致婆(不)，十大地致婆爲醯都(可)，十醯都爲大醯都(思)，十大醯都爲羯臘婆(議)，十羯臘婆爲大羯臘婆，十大羯羅婆爲印達羅，十印達羅爲大印達羅，十大印達羅爲三磨鉢耽，十三磨鉢耽爲大三磨鉢耽，十大三磨鉢耽爲揭底，十揭底爲大揭底，十大揭底爲拈筏羅闍，十拈筏羅闍爲大拈筏羅闍，十大拈筏羅闍爲筏羅闍，十筏羅闍爲姥達羅，十姥達羅爲大姥達羅，十大姥達羅爲跋藍，十跋藍爲大跋藍，十大跋藍爲珊若，十珊若爲大珊若，十大珊若爲毗步多，十毗步多爲大毗步多，十大毗步多爲跋羅攙，十跋羅攙爲大跋羅攙，十大跋羅攙爲阿僧企耶。

今談天至無盡也，故從佛數，又改無量數不可思議七級，于阿僧企耶之下，共爲六十級。其洛乂，卽吾之億，以下至嗢僧伽，卽吾之由，大嗢僧伽，卽吾之那。以上凡二十級，仍用吾國數名之，億兆京陔秭壤溝澗正載極恆河沙阿僧祇阿由那二十字。其那字以下第廿五級下之印語婆喝那，至地致婆，至最末之阿僧企耶，以前之跋羅攙、毗步多，語文太長，省文但稱婆地毗跋一字。其有大字之一級，仍用之。其有複用太多，如阿僧企耶之阿字，不可獨用，則全用阿僧企耶四字，餘仿此。歐人測天，至霞雲天而極矣。然古人不知有霞雲天，則心目中，書記中，皆無霞雲天也，而今有矣。然則，爲今人未能測者，霞雲天之上必有天，又必有無量天，可推也。佛只言二十五天，道之十八天，皆極少數。吾今推之爲二百四十二天，亦豈能盡哉？推至無盡，非筆墨心思所能盡也，姑以此推想，以寄大天無盡之一端焉。吾于此二百四十二天中，各發明其中天人國土繁植，尤吾盡也。其弘大奇詭，不可思議，議暫未能宣也，但以天名附于霞雲天之後。

諸天二百四十二天篇第十

欲天

自霞雲天以上爲宗動天，其天中有如霞雲天者百萬。宗動天以上爲鈞天，其天中有若宗動天者二百萬。鈞天以上爲林天，其天中有若鈞天者三百萬。林天以上爲類天，其天中有如林天者四百萬。林天以上爲談摩天，其天中有若類天者五百萬。談摩天以上爲忉利天，其天中有若談摩天者六百萬。忉利天以上爲兜率天，其天中有若忉利天者七百萬。

自銀河天霞譽天至兜率天九天爲下欲天

自兜率以上爲曇誓天，其天中有若兜率天者八百萬。自曇誓以上爲上揲天，其天中有如曇誓天者九百萬。自曇誓天以上爲江由天，其天中有若上揲天者千萬。自江由天以上爲孝芒天，其天中有若江由天者二千萬。自孝芒天以上爲極風天，中有如孝芒天者三千萬。自極風天以上爲皇崖天，其天中有若極風天者四千萬。皇崖天以上爲孔昇天，其天中有如皇崖天者五千萬。孔升天以上爲極瑶天，其天中有若孔升天者六千萬。極瑶天以上爲竺落天，其中有若極瑶天者七千萬。

自曇誓天至竺落天此九天爲中欲天

自竺落天以上爲宗飄天，其天中有若竺落天者八千萬。自宗飄天以上爲玄明天，其中有若宗飄天者九千萬。自玄明天以上爲濛翳天，其中有若玄明天者一萬萬。自濛翳天以上爲越衡天，其中有若濛翳天者二萬萬。自越衡天以上爲摩夷天，其中有若越衡天者三萬萬。自摩夷天以上爲文舉天，其中有若摩夷天者四萬萬。自文舉天以上爲玉完天，有中有若文舉天者五萬萬。自玉完天以上爲黄曾天，其中有若玉完天者六萬萬。

自宗飄天上至黄曾天凡九天爲上欲天

情天

自玉完天以上爲化樂天，其中有若黄曾天者七萬萬。自化樂天以上爲化自在天，其中有若化樂天者八萬萬。自化自在天以上爲華鬘天，其中有若化自在天者九萬萬。自華鬘天以上爲華藏天，其中有若華鬘天者十萬萬，爲一秭。自華藏天以上爲香積天，其中有若華藏天者二千兆。自香積天以上爲香上天，其中有若香積天者三千兆。自香上天以上爲衆香天，其中有若香上天者四千兆。自衆香天以上爲長樂天，其中有若衆香天者五千兆。自長樂天以上爲極樂天，其中有若長樂天者六千兆。

自化樂天上至極樂天凡九天爲下情天

自極樂天以上爲秀樂天，其中有若極樂天者七千兆。自秀樂天以上爲巨勝天，其中有若秀樂天者八千兆。自巨勝天以上爲扶摇天，其中有若巨勝天者九千兆。自扶摇天以上爲紀明天，其中有若扶摇天者一萬兆。自紀明天以上爲上開天，其中有若紀明天者二萬萬兆。自紀明天以上爲幽升天，其天中有若紀明天者三萬兆。自幽升天以上爲精源天，其中有若幽升天者四萬兆。自精源天以上爲振尋天，其天中有若精源天者五萬兆。自振尋天以上爲淩寥天，其中有若精源天者六萬兆。

自秀樂天至淩寥天凡九天爲中情天

自淩寥天以上爲抗萌天，其中有若淩寥天者七萬兆。自抗萌天以上爲璇度天，其天中有若抗萌天者八萬兆。自璇度天以上爲漠福天，其中有若璇度天者九萬兆。自漠福天以上爲常陽天，其中有若漠福天者十萬兆。自常陽天以上爲華凝天，其中有若常陽天者二億兆。自華凝天以上爲結璘天，其中有若華凝天者三億兆。自結璘天以上爲散融天，其中有若結璘天者四億兆。自散融天以上爲寶容天，其中有若散融天者五億兆。自寶容天以上爲清凝天，其中有若寶容天者六億兆。

自抗萌天以上至清凝天凡九天爲上情天

色天

自清凝天以上爲朱煥元天，其中有若清凝天者七億兆。自朱煥元天以上爲浮金緣天，其中有若朱煥元天八億兆。自浮金緣天以上爲玄綠炎天，其中有若浮金緣天者九億兆。

自玄綠炎天以上爲迴金霞天，中有若玄綠炎者十億兆，爲一一千秭。

自迴金霞天以上爲綠玉那天，其中有若迴金霞天者二百萬兆。

自緑玉那天以上爲金粟澤天，其中有若緑玉那天者三百萬兆。

自金粟澤天以上爲黄神天，其中有若金粟澤天者四百萬兆。

自黄神天以上爲絳炎天，其中有若黄神天者五百萬兆。

自朱焕元天至大赤天凡九天爲下色天

自大赤天以上爲緑虹天，其天中有若大赤天者七百萬兆。

自緑虹天以上爲中黄天，其天中有若緑虹天者八百萬兆。

中黄天以上爲紫精天，其中有若中黄天者九百萬兆。

紫精天以上爲赤精天，其中有若紫精天者一千萬兆。

赤精天以上爲青精天，其中有若赤精天者二千萬兆。

青精天以上爲金華天，其天中有若青精天者三千萬兆。

金華天以上爲丹虚天，其天中有若金華天者四千萬兆。

丹虚天以上爲碧虚天，其中有若丹虚天者五千萬兆。

碧虚天以上爲穹蒼天，其中有若碧虚天者六千萬兆。

自緑虹天至穹蒼天凡九天爲中色天

自穹蒼天以上爲玉賢天，其天中有若穹蒼天者七千萬兆。

自玉賢天以上爲玉虚天，其天中有若玉賢天者八千萬兆。

自玉虛天以上爲玉壽天，其天中有若玉虛天者九千萬兆。

自玉壽天以上爲玉家天，其中有若玉壽天者十萬秭。

自玉家天以上爲太黄天，其天中爲玉家天者二億秭。

自太黄天以上爲紫元天，其天中有若太黄天者三億秭。

自紫元天以上爲白瑶天，其天中有若紫元天者四億秭。

自白瑶天以上爲金霄天，其天中有若白瑶天者五億秭。

自金霄天以上爲碧落天，其中有若金霄天者六億秭。

自玉賢天至碧落天凡九天爲上色天

非色天

自碧落天以上爲太明天，其中有若碧落天者七億秭。

自太明天以上爲威喜天，其中有若太明天者八億秭。

自威喜天以上爲圓常天，其天中有若太明天者九億秭。

自圓常天以上爲文多天，其天中有若圓常天者十億秭。

自文多天以上爲三藍天，其天中有文多天一兆秭。

自三藍天以上爲正精天，其天中有若三藍天者三兆秭。

自正精天以上爲羅那天，其天中有若正精天者四兆秭。

自羅那天以上爲吉羅天，其天中有若羅那天者五兆秭。

自吉羅天以上爲逸寥天，其天中有若吉羅天者六兆秭。

自太明天至逸寥天凡九天爲下非色天

自逸寥天以上爲禹餘天，其中有若逸寥天者七兆秭。

自禹餘天以上爲清衍天，其天中有若禹餘天者八兆秭。

自清衍天以上爲上華天，其天中有若清衍天者九兆秭。

自上華天以上爲明梁天，其天中有若上華天者十兆秭。

自明梁天以上爲瓊羽天，其天中有若明梁天者二京秭。

自瓊羽天以上爲連臺天，其天中有若瓊羽天者三京秭。

自連臺天以上爲解非天，其天中爲連臺天者四京秭。

自解非天以上爲福連天，其天中爲解非天者五京秭。

自福連天上爲究竟天，其天中有若福連天者六京秭。

自禹餘天至究竟天凡九天爲上非色天

自究竟天以上爲元青沌天，其天中爲究竟天者七京秭。

自元青沌天以上爲通變元天，其天中爲元青沌天者八京秭。

自通變元天以上爲紫曜明天，其天中有若通變元天者九京秭。
自紫曜明天以上爲濯曜羅天，其天中有若紫曜明天者十京秭。
自濯耀羅天以上爲淳厲金天，其天中有若濯耀羅天者二陔秭。
自淳厲金天以上爲鬱連華天，其天中有若淳厲金者三陔秭。
自鬱連華天以上爲清營襟天，其天中有若鬱連華者四陔秭。
自清營襟天以上爲壽逸阜天，其天中有若清營襟天者五陔秭。
自壽逸阜天以上爲和寶真天，其天中有若壽逸阜者六陔秭。

自元胥沌天至和寶真天凡九天爲非非色天

識天

自和寶真天以上爲赤明天，其天中有若和寶真天者七陔秭。
自赤明天以上爲禁上天，其天中有若赤明天者八陔秭。
自禁上天以上爲妙成天，其天中有若禁上天者九陔秭。
自妙成天以上爲淵通天，其天中有若妙成天者一秭秭。
自淵通天以上爲霄度天，其天中有若淵通天者二秭秭。
自霄度天以上爲賈弈天，其天中有若霄度天者三秭秭、自賈弈天以上爲梵度天，其天中有若賈弈天者四秭秭。

自梵度天以上爲玉降天，其天中有若梵度天者五秭秭。

自玉降天以上爲常融天，其天中有若玉降天者六秭秭。

自赤明天以上至常融天凡九天爲識天

非識天

自常融天以上爲成天，其天中有若常融天七秭秭。

自成天以上爲廓天，其天中有若成天者八秭秭。

自廓天以上爲沈天，其天中有若廓天者九秭秭。

自沈天以上爲滅天，其天中有若沈天者十秭秭。

自滅天以上爲睟天，其天中有若滅天者二十秭秭。

自睟天以上爲更天，其天中有若睟天者三十秭秭。

自更天以上爲從天，其天中有若更天者四十秭秭。

自從天以上爲羕天，其天中有若從天者五十秭秭。

自羕天以上爲中天，其天中有若羕天者六十秭秭。

自成天上至中天凡九天爲非識天

非非識天

自中天以上爲演天，其天中有若中天者七十秭秭。
自演天以上爲炎天，其中有若演天者百秭秭。
自炎天以上爲融天，其中有若炎天者千秭秭。
自融天以上爲遯天，其中有若融天者萬秭秭。
自遯天以上爲景天，其天中有若遯天者洛义秭秭。
自景天以上爲昊天，其天中有若景天者度洛义秭秭。
自昊天以上爲浩天，其天中有若昊天者俱胝秭秭。
自浩天以上爲洞天，其天中有若浩天者末陀秭秭。
自洞天以上爲元天，其天中有若洞天者阿庾多秭秭。

自演天至元天凡九天爲非非識天

想天

自元天以上爲福生天，其中爲元天大阿庾多秭秭。
自福生天以上爲福慶天，其中爲福生天者那庾多秭秭。

自福慶天以上爲長壽天，其中有若福慶天者一大那庾多秭秭。
自長壽天以上爲富沙天，其天中有若長壽天者一鉢羅庾多秭秭。
自富沙天以上爲不煩天，其天中有若富沙天者二千大鉢羅庾多秭秭。
自不煩天以上爲不惱天，其天中有若不煩天者一矜羯羅。
自不惱天以上爲廣果天，其天中有若不惱天者大矜羯羅。
自廣果天以上爲廣淨天，其天中有若廣果天者一頻跋羅。
自廣淨天以上爲徧淨天，其天中有若廣淨天者一大頻跋羅。

自福生天至徧淨天凡九天爲想天

非想天

自徧淨天以上爲徧勝天，其天中有若徧淨天者一阿芻婆。
自徧勝天以上爲華嚴天，其中有若徧勝天者一大阿芻婆。
自華嚴天以上爲妙莊嚴天，其天中有若華嚴天者一毗婆訶。
自妙莊嚴天以上爲無量淨天，其天中有若妙莊嚴天爲一大毗婆訶。
自無量淨天以上爲無量光明天，其中有若無量淨天者二大毗婆訶。
自無量光明天以上爲無量壽天，其中有若無量光明天者三大毗婆訶。

自無量壽天以上爲善見天，其中有若無量壽天者四大毗婆訶。
自善見天以上爲善現天，其中有若善見天者五大毗婆訶。
自善現天以上爲晃昱天，其中有若善現天者大毗婆訶。

自徧勝天至晃昱天凡九天爲非想天

非非想天

自晃昱天以上爲靈圖天，其中有若晃昱天者七大毗婆訶。
自靈圖天以上爲鑿度天，其中有若靈圖天者八大毗婆訶。
自鑿度天以上爲援神契天，其中有若鑿度天者九大毗婆訶。
自援神契天以上爲含神霧天，其中有若援神契天一嗢僧伽。
自含神霧天以上爲赤熛怒天，其天中有若含神霧天二嗢僧伽。
自赤熛怒天以上爲白招拒天，其天中有若赤熛怒天者三嗢僧伽。
自白招拒天以上爲計光紀天，其天中有若白招拒天者四嗢僧伽。
自計光紀天以上爲考靈耀天，其天中有若計光紀天五嗢僧伽。
自考靈耀天以上爲耀魄寶天，其中有若考靈耀天者六嗢僧伽。

自靈圖天至耀魄寶天凡九天爲非非想天

靈天

自耀魄寶天以上爲輔廣靈天，其中有若耀魄寶天者七嗢僧伽。

自輔廣靈天以上爲靈剛天，其中有若輔廣靈天者八嗢僧伽。

自靈剛天以上爲靈光天，其中有若靈剛天者九嗢僧伽。

自靈光天以上爲靈化天，其天中有若靈光天者一大嗢僧伽。

自靈化天以上爲高靈天，其天中有若靈化天者二大嗢僧伽。

自高靈天以上爲華靈天，其天中有若高靈天者三大嗢僧伽。

自華靈天以上爲明靈天，其天中有若華靈天者四大嗢僧伽。

自明靈天以上爲上靈天，其中有若華靈天者五大嗢僧伽。

自上靈天以上爲總靈天，其中有若上靈天者六大嗢僧伽。

自輔廣靈天至總靈天凡九天爲靈天

光天

自總靈天以上爲紫光天，其中有若總靈天者七大嗢僧伽。

自紫光天以上爲金光天，其天中有若紫光天者八大嗢僧伽。

自金光天以上爲壽光天，其天中有若金光天者九大嗢僧伽。

自壽光天以上爲香光天，其天中有若壽光天者爲一婆喝那。

自香光天以上爲轉光天，其天中有若香光天者二婆喝那。

自轉光天以上爲激明光天，其中有若轉光天者三婆喝那。

自激明光天以上爲紫度光天，其天中有若激明光天四婆喝那。

自紫度光天以上爲大明光天，其中有若紫度光天五婆喝那。

自大明光天以上爲徧大光明天，其中有若大明光天者六婆喝那。

自紫光天至徧大明光天凡九天爲光天

自徧大明光天以上爲大羅天，其天中有徧大明光天七婆喝那。

清天

自大羅天以上爲靈寶天，其天中有若大羅天者八婆喝那。

自靈寶天以上爲洞寶天，其天中有若靈寶天者九婆喝那。

自洞寶天以上爲神寶天，其天中有若洞寶天者一大婆喝那。

自神寶天以上爲清微天，其天中有若神寶天者二大婆喝那。

自清微天以上爲元清天，其天中有若清微天者三大婆喝那。

自元清天以上爲玉清天，其天中有若元清天者四大婆喝那。
自玉清天以上爲上清天，其天中有若玉清天者五大婆喝那。
自上清天以上爲太清天，其天中有若上清天者六大婆喝那。

自大羅天至太清天凡九天爲清天

鬱天

自太清天以上爲鬱摩天，其中有若太清者七大婆喝那。
自鬱摩天以上爲鬱藏天，其中有若鬱摩天者八大婆喝那。
自鬱藏天以上爲鬱瑩天，其天中有若鬱藏天者九大婆喝那。
自鬱瑩天以上爲鬱察天，其天中有若鬱瑩天者一地致婆。
自鬱察天以上爲鬱華天，其天中有若鬱察天者二地致婆。
自鬱華天以上爲鬱越天，其天中有若鬱華天者三地致婆。
自鬱越天以上爲鬱儀天，其天中有若鬱越天者四地致婆。
自鬱儀天以上爲流鬱天，其天中有若鬱儀天者五地致婆。
自流鬱天以上爲浩鬱天，其中有若流鬱天者六地致婆。

自鬱摩天至浩鬱天凡九天爲鬱天

玄天

自浩鬱天以上爲玄摩天，其天中有若浩鬱天者七地致婆。

自玄摩天以上爲玄樞天，其天中有若玄摩天者八地致婆。

自玄樞天以上爲玄解天，其天中有若玄樞天者九地致婆。

自玄解天以上爲玄真天，其天中有若玄解天者一大地致婆。

自玄真天以上爲玄覺天，其天中有若玄真天者二大地致婆。

自玄覺天以上爲玄冥天，其天中有若玄覺天者三大地致婆。

自玄冥天以上爲玄老天，其天中有若玄冥天者四大地致婆。

自玄老天以上爲上玄天，其天中有若玄老天者五大地致婆。

自上玄天以上爲玄玄天，其天中有若上玄天者六大地致婆。

自玄摩天至玄玄天凡九天爲玄天

洞天

自玄玄天以上爲昌上元天，其〔天〕中（爲）〔有若〕玄玄天者七大地致婆。

自昌上元天〔以上〕爲上開元天，其天中（爲）〔有若〕昌上元天者八大地致婆。

自上開元天以上爲洞源天，其天中有若上開元天者九大地致婆。
自洞源天以上爲洞真天，其天中有若洞源天者一醠都。
自洞真天以上爲洞澳天，其天中有若洞虚天者二醠都。
自洞澳天以上爲洞虚天，其天中有若洞澳天者三醠都。
自洞虚天以上爲洞玄天，其天中有若洞虚天者四醠都。
自洞玄天以上爲洞神天，其天中有若洞玄天者五醠都。
自洞神天以上爲洞元天，其天中有若洞神天者六醠都。

自昌上元天至洞元天凡九天爲洞天

混天

自洞元天以上爲太溟天，其天中有若洞元天者七醠都。
自太溟天以上爲太漠天，其天中有若太溟天者八醠都。
自太漠天以上爲鴻濛天，其天中有若太漠天者九醠都。
自鴻濛天以上爲混沌天，其天中有若鴻濛天者一大醠都。
自混沌天以上爲赤混天，其天中有若混沌天者羯臘婆。
自赤混天以上爲混玄天，其天中有若赤混天者大羯臘婆。

自混玄天以上爲混洞天，其〔天〕中有若混玄天者一印連羅。

自混洞天以上爲混神天，其〔天〕中有若混洞天者一大印連羅。

自混神天以上爲混元天，其〔天〕中有若混神天者一三磨鉢躭。

自太溟天至混玄天凡九天爲混天

太天

自混元天以上爲太乙天，其天中有若混元天者大三磨鉢躭。

自太乙天以上爲太微天，其天中有若太乙天者一羯底。

自太微天以上爲太素天，其天中有若太微天者大羯底。

自太素天以上爲太初天，其天中有若太素天者一招筏羅闍。

自太初天以上爲太始天，其天中有若太初天者大招筏羅闍。

自太始天以上爲太易天，其中有若太始天者一筏羅闍。

自太易天以上爲太玄天，其中有若太易天者姥達羅。

自太玄天以上爲祖太無天，其中有若太玄天者大姥達羅。

自祖太無天以上爲太極天，其中有若祖太無天者一跋藍。

自太乙天至太極天九天爲太天

元天

自太極天以上爲元命包天，其中有若太極天者大跋藍。

自元命包天以上爲上元天，其中有若元命包天者一珊若。

自上元天以上爲會元天，其中有若上元天者大珊若。

自會元天以上爲元精天，其中有若會元天者一毗步多。

自元精天以上爲元陽天，其中有若元精天者大毗步多。

自元陽天以上爲元微天，其中有若元陽天者跋羅攙。

自元微天以上爲元始天，其中有若元微天者大跋羅攙。

自元始天以上爲太元天，其中有若元始天者大跋羅攙。

自太元天以上爲元元天，其中有若太元天者阿僧企耶。

自元命包天至元元天九天爲元天

自元元天以上，天重數尚無量數不可思議，各自如元元天以下之重數。每一元元天爲一元元界，如是無量數不可思議。

上帝篇第十一

歐洲哲學家之言上帝

古歐洲言天神亦多謬。泰利士、畢大哥拉希、拉克利泰不必論，亞利士多德以世界爲多同中心之晶體球，合成一空球，以地球爲在中心，球形而不動，無數晶體球圍繞之而運轉不已。月日五星爲恆星，皆在其中，恆星在大球之邊，在一切之外，故離神較近，卽萬有生氣者。神將世界全體握在乎空處，使全體運動，于是其中五十五個同中心晶體球亦轉動，恆星之運動，其原動力是神。託爾美天學，其說天分兩分，一爲氣，一爲單簡之氣界。以元始動者爲起，由東向西，以二十四時成旅行，其總體運動中有十天，包含此二重結晶體之天體，卽天空與七星。萬物之中央，直接在上，是天空，爲月所管理。月下有四元素，火氣水土，是不完全之境域。但月上更有九天，名有秩序之運轉。萬有之上卽爲神。圓球體有十一個，其内一個像葱圈，衆行星與其自己之天體同其運動，行星又爲水晶體。因透明之天上，無數小體在其自己運動之天體中，而運動亦在全圓球體，則又有其運動。各行星之分開運轉，謂之擺線運動，中世紀千年皆從託爾說，在今日視之多可笑也。

歐美哲學言上帝者，不外有神無神二論。或言時空内外，或言變與不變，或言一切世界概念與非世界概念。然全體性既爲實在，則無神論不能立矣。然歐人于有神論猶有異說。今有神論之説，其證有五：其一曰實有學者，由上帝之完全性以證上帝之實在；其二曰心理學者，如笛卡兒所云，人心中既有上帝之念，正上帝存在使之然也；其三曰宇宙學者，謂宇宙之存在必有原因，而原因則在上帝；其四曰物理之神學者，謂世界者美術品也，其所以如此整齊，必有造之者，即令非造物主，則建築家也；其五曰道德者，人類之犧牲一己以利大羣，冥冥之中必有使之然者，是爲上帝。此五説，其于上帝之存在尚未能證實也。康德言之，上帝之存在，存在判斷也，存在判斷起于後天，起于經驗，而吾人于經驗之中，無固不可知，有亦不敢説，故在存在之説，無證驗可求也。前已言之全體性，已足表示上帝之一方面，然吾人于上帝之存在，終不敢斷言者，則二元實爲之也。有善則有惡隨之，有康健則有疾病擾之，此二元主義之現象。有三種解釋之法：全體性與反全體性同出自上帝，一説也；上帝代表全體性，而以物質表現之非體性〔一〕，雖與上帝並存，然不自上帝而來，二者相遇，乃生種種苦難，二説也；主第三説爲波斯之祆教，謂世界有上帝一，魔鬼一，上帝爲光明，魔鬼爲黑暗，三説也。吾人舉可以推定二元現象之由來者如此。今假定上帝爲實有其物，一方爲不變之體，而同時又爲衆變之因，則有二説：其一曰，上帝有其固有之本體，故上帝爲最高之隱德來希，而世界現象皆由之而出，是爲一神論；其二曰，上帝爲無固有之本體，本體卽在變遷之中，是爲汎神論。主一神論者，謂上帝有本體，而宇宙則由此本體流出者也；主汎神論者，謂上帝無本體，本體卽在變遷中，故宇宙之日新又新，常在不知底止之中。如

〔一〕按「非體性」疑當作「非全體性」。

一神論者，既知上帝之本性，則宇宙之現象可以推定，如汎神論者之言，即知有上帝，而宇宙現象不可得而測，以其在日變中者也。吾人所用汎神論之義，與斯賓挪、歌德輩稍異。彼輩之意，以爲神無往而不在，故謂汎神，吾人之意，重在其無本體而日在變遷，是爲柏格森之言。柏格森以自由作絶對之非定命解，以其謂上帝自身亦在變遷中也。他人以自由作按照本性之行動解，以其視上帝自身先有固定之本體也。

一神論分流發説與創造説。流發之一神論者，謂上帝與此世之所表現者爲同物，並同具此後登展之能力，新伯剌圖主義、印度哲學、斯賢挪沙、雪林、黑格爾之説皆屬之。創造之一神論者，現世界有一超於其外者爲之造物主，既造以後，則上帝與此世同存，猶太教、耶穌教、摩訶末教皆宗之。更有調和二者之間，則爲雪林氏，謂現世界之所以成爲如此者，則上帝之本體限之也，若其創造與否，則上帝之自由也。是蓋以有本體之限定，與無本體之自由折衷之。此外尚有若干問題，如曰此宇宙出于上帝之創造，則創造自何時？一也。若以人類爲自由，則上帝全知全能之性受其影響，以二者不相容故也，二也。依流發説，則人類解脱之日，亦即上帝解脱之日，若依創造之説，上帝處于世界外，即人類能盡贖罪，是不過所造物之贖罪而已，而上帝之地位如何？三也。

上帝之必有

天有上帝者，各國各教所公有也。中國凡稱天，即有主宰之意，主宰者，上帝也。詩稱「昭事上帝」，又曰：「上帝臨汝，毋貳爾心。」故禮以郊祀上帝。孟子曰：「雖有惡人，齋戒沐浴，可以事上帝。」若耶、回、印度尊事上帝尤嚴矣。印度謂之八明，基督謂之耶和華。若回教一日五拜上帝，叩首七十，尤爲戒肅。惟佛不尊上帝，謂與上帝戰，上帝敗而屈爲弟子，見佛則合掌恭敬，拜跪受教，佛之尊驕至極而至奇矣。而奈端以天爲吸拒力所成，拉伯拉室天文機械論發明奈端之説，直謂無上帝。近之專主物質者，多從無神論，而柏格森等乃主泛神論。然奈端、拉伯拉室派以其所推吸拒力之論，大攻康德之尊上帝爲神秘，上帝幾爲摇撼者。然天下之物至不可測，吾人至渺小，吾人之知識至有限，豈能以肉身之所見聞，而盡天下之事理乎？今夫電，爲電線，爲電話，爲無線電話，爲留聲機器，各國人所日熟知者也。然在百年前，有人告以電械電器，無線電話，皆必大笑其妄，而今三尺之童，負床之孫皆熟知矣。奈端、拉伯拉室、達爾文等，其能知有電話、電線、無線電話乎？此至粗之物質，諸人皆以物質名者，尚不能知之。他日瓷必大有發明，又他物如瓷電之比者，亦必有發明，今之物質，乃特始萌芽耳。此諸人在當時不能知電之有無，而謂能知上帝之有無乎？而謂天下盡神秘乎？卽如前定之命運，在亞理士多圖、來布尼茲以爲天皆有前定，與吾國前定録、定命録相合。吾國看相、算命、占筮多有奇驗者。中庸曰：「至誠之道，可以前知。」若夫漢高與而大澤夢龍，光武生而火光照室，桀庭亡夏，箕服滅周。大横之兆，夏啓、漢文紹統；幽躁之驗，鬼徵晏臚就戮。此皆幾兆已著，易於推測。若夫劉秀發兵，國師不能改名而應；堂堂作曲，李密不應國姓而興。武女代唐，太宗難殺；奉天築城，德宗果奔。近者德國破法，先見于童謡，意王被刺，預推于術士，此則大地同符，古今一揆。然則，祖龍死於邱沙，亂書必由仲舒，宜聖預記，發於數百年前。近者，庚子乘輿入秦，旗分八面入秦州，黃禪先言，皆前知之實蹟。各國預言家亦多見驗。試問奈端、拉伯拉室達爾文等，能推有形之物質矣，其能預推無形之事物乎？莊子曰：「人之生也有涯，其知也無涯。」以奈端、拉伯拉室、達爾文之知至少，而欲盡知天乎？而可決無上帝乎？多見其不知量也。

佛之神通大智然不知日月諸星諸天所言諸天皆虛想篇第十一

佛說諸天

起世經云：須彌山下別有三級，諸神住處。其最下級，縱廣正等六十由旬。其第二級，縱廣正等四十由旬。其最高級，縱廣正等二十由旬。皆有七重牆院，乃至諸鳥，各出妙音，莫不具足。此三級中，皆有夜叉住。須彌山半，高四萬二千由旬，有四大天王所居宮殿。須彌山上，有三十三天宮殿，帝釋所居。三十三天已上一倍，有夜摩天；又更一倍，有兜率天；又更一倍，有化樂天；又更一倍，有他化自在天；他化天上又更一倍，有梵身天。梵身天下，於其中間，有羅摩波旬諸宮殿。倍梵身天上，有光音天；倍光音天上，有遍淨天；倍遍淨天上，有廣果天；倍廣果天上，有不麤天。不麤〔天〕〔一〕下，其間別有諸天宮殿，所居之處，名無想衆生。倍不麤天上，有不〔煩〕〔惱〕天；倍不〔煩〕〔惱〕天上，有善見天；倍善見天上，〔有善現天。倍善現天上〕，有阿迦尼吒天諸宮殿。阿迦尼吒天〔上一〕已上，更有天，無邊空處，無邊識處，無所有處，非想非非想〔處〕，此等皆名諸天住處。如是界分，衆生居〔處〕〔住〕，若來若去，若

〔一〕「天」字據法苑珠林及起世經補。按，康氏此節文字全抄録自法苑珠林，其中誤脫甚多（有少部分爲法苑珠林原誤），今均予以補正，不再一一說明。

生若滅，邊際所極。此世界中所有衆生，生老病死，墮是道中，至此不過，是名娑婆世界無量剎土，諸餘十方，亦復如是。婆沙論說，天〔維〕〔雖〕有三十二住處，但有二十八重。以彼四空絕離形報，故無別處，遍〔枉〕〔在〕欲色二界之中，但隨欲色二界衆生成就四空，無色業者，隨大乘說有色也。其二十八重者，謂須彌山根從地上升，去地四千由旬。繞山縱廣一萬由旬，是堅手天，於中止住。復上升一倍，繞山八千由旬，是彼持華鬘天，於中止住。復上一倍，繞山四千由旬，是彼常放逸天，于中止住。復上一倍，繞山四千由旬，是彼日月星宿天，於中止住。復上一倍，繞山四千由旬，是彼四天王天，於中止住。其中由有七種金，是四天王城，聚落悉在其中。復上升四萬由旬，至須彌山頂，縱廣四萬由旬，其中有善見城，縱廣一萬由旬，面別有其千門，三十三天，於中止住。順正理論云：三十三天迷盧山頂，其頂四面各二十千，若據周圍，數成八萬有餘。師說面各八十千，與下際四邊，其量無別。山頂四角，各有一峯，其高廣量各有五百。有藥叉神，名金剛手，於中止住，守護諸天。於山頂中有宮，名善見，面二千半，周萬踰繕那，金城量高一踰繕那半，其地平坦，亦真金所成。俱用百一雜寶嚴飾地，觸柔軟如妬羅緜，於踐躡時〔隨〕足高下，是天帝釋所都大城，城有千門。嚴〔飾〕壯麗，門有五百。青衣藥叉，勇健端嚴，長一踰繕那量，各嚴鎧仗，防守城門。于其城中，有殊勝殿，種種妙寶，具足莊嚴，映蔽天宮，故名殊勝。面二百五十踰繕那，周千踰繕那，是謂城中諸可愛事。城外四面，四苑莊嚴，是彼諸天共游戲處。一衆車苑，謂此苑中，隨天福力，種種車現；二〔惡麤〕〔麤惡〕苑，天欲戰時，隨其所須，甲仗等現；三雜林苑，諸天入中，所玩皆同，俱〔主〕〔生〕勝喜；四喜林苑，極妙欲塵，雜類俱臻，歷觀無厭。如是四苑，形皆異方，一一周千踰繕那量。居各有一如意池，面各五十踰繕那量，八功德水彌滿其中。隨欲四苑花鳥，香林莊飾，業果差別，難可思議。天福城外西南角，有大善法堂，三十三天時集辯論，制伏阿素洛等，如法不如法事。起世經云：佛告比丘，以何因緣，諸天會處名善法堂？三十三天集會坐時，于中唯論微細，善語深義，稱量觀察，皆是世間諸勝要法，真實正理，是以諸天稱爲善法堂。又何因緣，名波婁沙迦苑？隋言麤澀。三十三天王入已，坐于賢及善賢二石之上，唯論世間麤惡、不善、戲謔之語，是故稱波流沙迦。又何因緣，名雜色車苑？三十三天王入已，坐於雜色善雜色二石之上，唯論世間種種雜〔類〕色相語言，是故稱爲雜色車苑。又何因緣，名雜亂苑？三十三天常以月八日、十四日、十五日，放其宮內一切采女入此園中，令與三十三天衆合雜嬉戲，不生障隔，恣其歡娱，受天五欲具足功德，遊行受樂，是故諸天共稱此園爲雜亂苑。又何因緣，彼有園名爲歡喜？三十三天王入其中已，坐於歡喜善歡喜二石之上，心受歡喜，復受極樂，是故諸天共稱彼園爲歡喜。又何因緣，名波利夜怛邏拘毗陀羅樹？彼樹下有天子住，名曰（未）〔末〕多，日夜常以彼天種種五欲功德具足，和合遊戲受樂，是故諸天遂稱彼樹以爲波利夜怛邏拘毗陀羅樹。

佛說二十八宿

大集經：佉盧虱仙告一切天言，初置星宿，昴爲先首，衆星輪轉，運行虛空。告諸天衆說，昴爲先（首），其事是不，爾時日天，而作是言。此昴宿者，常行虛空，歷四天下，恆作善事，饒益我等，〔我〕知彼宿屬於〔火〕天。是時，衆中有一聖人，名大威德，復作是言。彼昴宿者，我妹之子，其星有六，形如(似)剃刀，一日一夜歷四天下，行三十時，屬于火天，姓鞞耶尼。屬彼宿者，祭之用酪。復次置畢，爲第二宿，屬于水天，姓頗羅(隨)〔墮〕。畢有五星，形如立叉，一日一夜行(三)〔四〕十五時，屬畢宿者，祭用鹿肉。復次置觜，爲第三宿，屬于月天，即是月天子，姓毗黎伽耶尼。星數有三，形有鹿頭，一日一夜行十五時。屬觜宿者，祭用根及果。復次置參，爲第四宿，屬於日天，姓婆(利)〔私〕失絺，其性大惡，多于瞋忿，止有一星，如婦人黶，一日一夜行(三)〔四〕十五時，屬參宿〔者〕，祭用醍醐。復次置井，爲第五宿，屬于日天，姓婆私失絺。其(于)有兩星，形如脚跡，一日一夜行十五時。屬井宿者，以(粇)〔粳〕米華和蜜祭之。復次置鬼，爲第六宿，屬歲星〔天，歲星〕之子，姓炮波那毗。其性温和，樂修善法，其有三星，猶〔如〕諸佛胸〔前〕滿相，一日一夜行三十時。屬鬼宿者，亦以(粇)〔粳〕米華和蜜祭之。復次置柳，爲第七宿，屬于蛇天，即姓蛇氏。止有一星，如婦人黶，一日一夜行十五時。屬柳星者，祭用乳糜。

右此七宿當于東門

復次置南方第一之宿，名曰七星，屬于火天，姓賓伽耶尼。其有五星，形如河岸，一日一夜行三十時。屬(此)〔七〕星者，宜用(粇)〔粳〕米(鳥)〔烏〕麻作粥祭之。復次置張，爲第二宿，屬福德天，姓瞿曇彌。其星有二，形如(人之)脚跡，一日一夜行三十時，屬張宿者，(將)毗羅婆果以用祭之。復次置翼，爲第三宿，屬于林天，姓憍陳如。其有二星，形如脚跡，一日一夜行十五時。屬翼星者，用青黑豆羹熟祭之。復次置軫，爲第四宿，屬沙毗黎帝天，姓迦遮延，(蝎)〔蝎〕仙(人)〔之〕子。其星有五，形如人手，一日一夜行三十時。屬軫星者，作莠稗飯而以祭之。復次置角，爲第五宿，屬喜樂天，姓質多羅延尼，乾闥婆子，止有一星，如婦人黶，一日一夜行十五時。〔屬於角者，以諸華飯而用祭之。次復置亢，爲第六宿，屬摩姤羅天，姓迦旃延尼。其有一星，如婦人黶，一日一夜行十五時。〕屬亢星者，當取菉豆和酥蜜煑以用祭之。復次置氐，爲第七宿，屬於火天，姓些〔者〕〔吉〕利多耶尼。〔氐有二星，形如脚跡〕，一日一夜行〔三〕〔四〕十五時。屬氐宿者，取種種華作食祭之。

右此七宿當于南門

復次置西方第一之宿，其名曰房，屬于慈天，姓阿藍婆耶尼。房有四星，形如瓔珞，一日一夜行三十時。屬房宿者，以酒肉祭之。復次置心，爲第二宿，屬帝釋天，姓羅延那。心有三星，形如大麥，一日一夜行十五時。屬心星者，以〔秔〕〔粳〕米粥以用祭之。次復置尾星，爲第三宿，屬獵師天，姓迦遮耶尼。尾有七星，形如蝎尾，一日一夜行三十時。屬尾星者，以諸果根作食祭之。次復置箕，爲第四宿，屬于水天，姓持叉迦旃延尼。箕有四星，形如牛角，一日一夜行三十時。屬箕宿者，取尼拘陀皮〔計〕〔汁〕祭之。次復置斗，爲第五宿，屬于火天，姓摸迦邏尼。斗有四星，如人拓地，一日一夜行四十五時。屬斗宿者，〔次〕〔以〕〔秔〕〔粳〕米華和蜜祭之。次復置牛，爲第六宿，屬于梵天，姓梵嵐摩。牛有三星，形如牛頭，一日一夜行〔於〕六時。屬牛宿者，以醍醐〔飯〕而用祭之。次復置女，爲第七宿，屬毗紐天，姓帝利迦遮耶尼。女有四星，如大麥粒，一日一夜行三十時。屬女宿者，〔次〕〔以〕烏肉祭之。

右此七宿當于西門

次復置北方第一之宿，名爲虚星，屬帝釋天，〔婆〕〔娑〕婆天子，姓憍陳如。虚有四星，其形如鳥，一日一夜行三十時。屬虚星者，賛（鳥）〔烏〕豆汁而用祭之。次復置危，爲第二宿，屬多羅拏天，姓單那尼。一日一夜行十五時。屬（此）危宿者，以（杭）〔粳〕米粥以用祭之。次復置室，爲第三宿，屬蛇頭天蝎天之子，姓闍都迦尼拘。室有二星，形如脚跡，一日一夜行三十時。屬室（宿）〔星〕者，以肉血祭之。次復置壁，爲第四宿，屬林天，婆婁那子，姓陀難闍。壁有二星，形如脚跡，一日一夜行四十五時。屬壁星者，以肉祭之。次復置奎，爲第五宿，屬富沙天，姓阿虱吒排尼。奎有一星，如婦人黶，一日一夜行三十時。屬奎宿者，以酪祭之。次復置婁，爲第六宿，屬乾闥婆天，姓阿舍婆。婁有三星，形如馬頭，一日一夜行三十時。屬婁星者，以大麥（飲）〔飯〕並肉祭之。次復置胃，爲第七宿，屬閻摩羅天，姓跋伽毗。胃有三星，形如鼎足，一日一夜行（四）〔三〕十時。屬胃宿者，以粇米烏麻及以野棗而用祭之。

右此七宿當於北門

此二十八宿，有五宿行四十五時，所謂畢、參、氐、斗、壁等。二十八宿言義廣多，特難深趣，故不具宜〔一〕。我今略説，（説）是宿時，同〔聞〕諸天皆悉歡喜。爾時，〔佉〕盧虱吒仙人於大衆前合掌説言，如（星）〔是〕安置日月年時。此置日月年時，經向一卷，以文多，故不録之。大小星宿，何者名爲有六時耶？（答曰）正月〔二月〕名暄暖時，三月〔四月〕名種作時，五月六月名求降雨時，七月八月名物欲熟時，九月十月名

〔一〕「特難深趣，故不具宜」原作「難曉深趣，不可具宣」。

寒凍之時，十〔有〕一月〔合〕十二月（合此十二月）大雪之時，是十〔二〕月分爲六時。又，大星宿其數有八，所謂歲星、熒惑星、太白星、（晨）〔辰〕星、日星、月星、荷邏候星。又，小星宿有二十八，所謂從（前）昴至胃諸（星）〔宿〕是也。我作如是次第安置，汝等皆得見聞，於意云何？爾時，一切天人、仙人、阿修羅、龍及〔緊〕那羅等，皆悉合掌，咸作是言。如今（天）〔大〕仙，於天人間最爲尊重，乃至諸龍及阿修羅無能勝者，智慧慈悲最爲第一，於無量劫不忘憐愍一切衆生，故獲福報。一切天人之間，無有如是智慧之者，如是法用，更無衆生能作是法，皆悉隨喜安樂我等。善哉大德！安隱衆生。是時，佉盧虱吒仙人復作是言，此十二月一年始終，如此方便，大小星等刹那時法，皆已説竟。又復安置四天大王，於須彌四方（法）〔面〕所，各置一王，是諸方所各饒衆生。是時一切大衆皆稱善哉，歡喜無量。是時天龍、夜叉、阿修羅等，日夜供養。復於後過無量世，更有仙人名伽力〔伽〕出現於世，（後見）〔復更〕別説，置（於）〔諸〕星宿小大月法時節要略。見如經説。今且列二十八宿所屬不同，各有靈衞。故大集經云：爾時佛告娑婆世界主大梵天王、釋提桓因、四天王，言過去天仙云何布置諸宿曜辰，攝護國土，養育衆生。於四方中各有所主。東方七宿：一者角宿，主于衆鳥；二者亢宿，主于出家求聖道者；三者氐宿，主水、主衆生；四者房宿，主行車求利；五者心宿，主於女人；六者尾宿，主洲渚衆〔生〕；七者箕宿，主於陶師。南方七宿：一者井宿，主于金師；二者鬼宿，主于一切國王大臣；三者柳宿，主于雲山龍；四者星宿，主巨富者；五者張宿，主于盜賊；六者翼宿，主于商人；七者軫宿，主西羅吒國。西方七宿：一者奎宿，主行船人；二者婁宿，主于商人；三者胃宿，主於婆樓迦國；四者昴宿，主于水牛；五者畢宿，主一切衆生；六者觜宿，主鞞提訶國；七者參宿，主于剎利。北方七宿：一者斗宿，主澆部沙國；二者牛宿，主於剎利及安多鉢竭那國；三者女宿，主鴦伽摩伽陀國；四者虛宿，主〔那〕〔般〕遮羅國；五者危宿，主華冠〔者〕；六者室宿，主乾陀〔羅〕國、輸盧那國，及諸龍蛇腹行之類；七者壁宿，主乾闥婆善〔音〕樂者。大德婆伽婆，過去天仙如是布置四方諸宿，攝護國土，養育衆生。爾時，佛告梵王等言，汝等諦聽，我于世間天人仙中，一切知見最爲殊勝，亦使諸〔宿〕曜星辰攝護國土，養育衆生。汝等宣告，令彼得知，如我所分國土衆生，各各隨分攝護養育。分國多少，各屬二十八宿。問曰：此之諸星，形量大小云何？依增一阿含經云：大星一由旬，小星二百步。樓炭經云：大星圍七百里，中星四百八十里，小星二十里。星是諸天宮宅。瑜伽論云：諸星宿中，其星大者十八拘盧舍，其中者十拘盧舍，〔最〕小者四拘盧舍。述曰，若依內經，此諸星宿，並是諸天宮宅，內有天住，依報所感福力光現。

佛說日

起世經云：佛告諸比丘，日天宮殿，縱廣正等五十一由旬上下，亦〔稱〕〔爾〕以二種物成其宮殿，正方如宅，遙看似圓。何等爲二？所謂金及玻璃。一面兩分皆是天金成，〔清〕淨光明；一面一分是天玻璃〔成，淨潔〕光明。有五種風吹轉而行。何等爲五？一〔名〕爲持，二名爲住，三名隨順轉，四名波羅訶迦，五名將行。彼日天宮之前，別有無量諸天於前，而行時各常受樂，皆名牢行。依長阿含經云：日天宮牆地薄如華葩，爲五風所持地。又〔日〕〔日〕宮殿中，有閻浮檀金以爲妙輦，輦高十六由旬，〔方八由旬〕，莊嚴殊勝，天子及眷屬在彼輦中，以天五欲具足受樂。日天子身壽五百歲，子孫相承，皆于彼治宮殿主持，滿足一刼。日天身光出照於輦，輦有光明相接出已，照曜遍四大洲及諸世間。日天身輦及宮殿，有一千光明，五百光明傍行而照，五百光明向下而照。日天宮殿常行不息，六月北行，於一日中漸移北（行）〔向〕六拘盧舍，依雜寶藏經有五里。未曾暫時離於日道，六月南行，亦一日中漸移南向六拘盧舍，不差日道。日天宮殿，六月行時，月天宮殿，十五日中亦行稱許。

佛說月

起世經云：佛告比丘，月天子宮殿，縱廣正等四十九由旬，四面垣牆七寶所成。月天宮殿，純以天銀、天青瑠璃而相間錯。二分天銀，清潔無垢，光甚明曜，餘之一分，天青瑠璃，亦甚清淨，表裏映徹，光明遠照。亦爲五風攝持而行。五風如前。月天宮依空而行亦有無（量）諸天宮殿引前而行，恆受快樂。於此月殿，亦有大輦，青瑠璃成，舉高十六由旬，廣八由旬。月天子身與諸天女在此輦中，以天種種五欲功德，和合受樂，隨意而行。彼月天子身壽五百歲，子孫相承，皆于彼治，然其宮殿住于一刼。彼月天子身分光明，照彼青輦，其輦光明照月宮殿宮，殿光照四大洲。彼月天子有五百光向下而照，有五百光傍行而照。是故月天名千光明，亦復（爲）名爲涼冷光明。又何因緣，月天宮殿漸漸現耶？佛答：此〔月〕三因緣：一背相轉。二青身諸天，形服瓔珞一切悉青，常半月中隱覆其宮，以隱覆故，月漸而現。三從日天宮殿，有六十光明一時流出，障彼月輪，以是因緣，漸漸而現。復何因緣，是月宮殿圓淨滿足？亦三因緣故，令如是。一〔稱〕〔爾〕時月天宮殿面相轉出。二青色諸天，一切皆青，當半月中隱於十五日時，形最圓滿，光明熾盛，譬如於多油中燃火熾炬，諸小燈明皆悉隱翳。如是月宮十五日時，能覆諸光。三復次，日宮殿六十光明一時流出，障月輪者，此月宮殿十五日時圓滿具足，於一切處皆離翳障，是時日光不能隱覆。復何因緣，月天宮殿，於黑月分第十五日，一切不現？此月宮殿，于黑月分十五日，最近日宮，由彼日光所覆翳故，一切不現。復何因緣，名爲月耶？此月宮殿，于黑月分一日已去，乃至月盡，光明威德漸漸減少，以此因緣名之爲月。西方一月分爲黑白，初月一日至十五日，名爲白月，十六日已去至于月盡，名爲黑月。此方通攝黑月，合爲一月也。復何因緣，月宮殿中有諸影現？此大洲中有閻浮樹，因此樹故名閻浮洲，其樹高大，影現月輪。〔又瑜伽論云：由大海中有魚鼈等影現月輪〕，故其內有黑相現。依中國傳云：過去有兔，行菩薩行，天帝試之，索肉欲食，捨身火中。天帝愍之，取其焦兔，置于月內。令未來一切衆生，擧目瞻之，知是過去菩薩行慈之身。

佛說寒暑

依起世經〔云〕：復何因緣，夏時生熱？佛言，日天宮殿，六月之間向北行時，一日常行六拘盧舍，未曾捨離日所行道，但於其中有〔十〕因緣，所有光明照觸彼十種山，令其生熱。復何因緣有諸寒冷？日天宮殿六月已後，漸向南行，復有十二因緣，能生寒冷。於須彌山、佉提羅迦山二山之間有須彌海，闊八萬四千由旬，周迴無量，其中衆華悉皆徧滿，香氣甚盛，日天光明照觸彼海，此是第一寒冷因緣。第二伊沙陀羅山，第三遊乾陀山，第四善現山，第五馬耳頭山，第六尼民陀羅山，第七毗那耶迦山，第八輪圍大山，第九閻浮洲中所有諸河流行之處，日天照觸，故有寒冷，第十瞿陀尼洲諸河倍多，第十一弗婆提諸河倍多，第十二鬱單越諸河倍多。此之十二諸河流水，日天光明照觸寒冷。前之生熱十，二次前八山外，第九是空中，去地萬由旬，有夜叉宫殿，第十是四大洲山，合爲第十也。又立世阿毗曇論問言：云何冬寒？云何春熱？云何夏時寒熱？是冬時水界最長，未減盡時，草木由濕未萎乾時，地大濕滑，火大向下，水〔界〕〔氣〕上昇，所以知然。深水最暖，淺水則寒，〔寒〕節已至，日行外路，照炙不久，陽氣在内，食消則速，以是事故，冬時則寒。云何春熱？時水界長起滅已盡，草木乾萎，地已燥坼，水氣向下，火氣上昇。何以知然？深水則冷，淺水則熱，冬時已過，日行内路，照炙則久，身内火羸，故春〔時〕熱。云何夏時冷熱？是大地〔八〕〔入〕月日中，恆受照炙，大雲降雨之所灑散，地氣蒸鬱，若風吹時，蒸氣消已，是時則寒；若風不起，是時則熱，是故夏中有時寒熱。西方四月爲一時，但立春夏冬，〔故〕不立秋，故立三時殿也。又，起世經云：以何因緣，有諸河水流於世間？佛告比丘，以有日故，〔有熱，有熱故〕有炙，有炙故有蒸，有蒸故有汗濕。以汗濕故，一切山中汗流爲水，以成諸河。

佛説虧盈

依立世阿毗曇論云：云何黑半？云何白半？由日黑半，由日白半，日恆逐月行，一一日相近四萬八千八十由旬，日日相離亦復如是。若相近時，日月被覆〔三由旬又一由旬三分之一，以是事故，十五日日日離月亦四萬八千八十由旬，月日日開三由旬又一由旬三分之一，以是事故，十五日月則開淨圓滿，世間則名白半圓滿。日月若最相離行，是時月圓，世間則說白半圓滿；日月若共一處，是名合行，世間則說黑半圓滿。若日隨月後行，日光照月光，月光靡故，被照生影，此月影還〔自〕翳月，是故見月後分不圓，以是事故，漸漸掩覆，至十五日覆月都盡，隨後行時，是名黑半。若日在月前行，日日開淨，亦復如是，至十五日具足圓滿，在前行時，是名白半。又起世經問言：復有何因緣，於冬分時夜長晝短？佛答比丘：日天宮殿過六月已，漸向南行，每於一日移六拘盧舍，無有差失，當于是時，日天宮殿在閻浮洲最極南垂，地形狹小，日過速疾，以此因緣，於冬分時晝短夜長。復何因緣，於春夏時晝長夜短？佛答（之曰）〔云：日〕天宮殿過六月已，漸向北行，每一日中移六拘盧舍，無有差失，異于常道，當于（此）〔是〕時，在閻浮洲處中而行，地寬行久，所以晝長，以此因緣，春夏晝長夜分短促。智度論云：如阿鞞跋致品中所說，日月歲節者，日名從旦至旦初分、中分、後分，夜亦有三分。一日一夜有三十時，春秋分時，十五時屬晝，十五時屬夜。餘時增減，若五月，至晝十八時，夜十二時；十一月，至夜〔十〕八時，晝十二時。一月或三十日半，或三十日，或廿九日半，或二十七日。半有四種月，一者日月，二者世間月，三者月月，四者星宿月。日月者，三十日半；世間月者，三十日；月月者，二十九日加六十二分之三十；星宿月者，二十七〔日〕加六十分之二十一。閏月者，從日月、世間月二事中出，是名十三月。或十三月名一歲，是歲三百六十六日，周而復始。菩薩知日中分時，前分已過，後分未生，中分無住處，無相可取。日分空空無所有。到三十日時，二十九日滅，云何和合成日月？無故。云何和合而爲歲？以是故。佛言世間法如幻如夢，但是誑心法。菩薩能知世間日月歲和合，能知破散無所有，是名巧分別。

結論

佛説法，日言諸天，然佛所言天，皆在須彌山中與山上，級級直上。起世經云：須彌山半，高四萬二千由旬，有四大天王所居宫殿。須彌山上有三十三天宫殿，帝釋所居。三十三天已上一倍，有夜摩天；又更一倍，有兜率天；又更一倍，有化樂天；又更一倍，有他化自在天；他化天上又更一倍，有梵身天。梵身天下，于其中間，有羅摩波旬諸宫殿。倍梵身天上有光音天，倍光音天上有徧淨天；倍徧淨天上有廣果天，倍廣果天上有不麤天。不麤天下，其間别有諸天宫殿，所居之處名無想衆生。（倍）不麤天上有不（煩）（惱）天，倍不（煩）（惱）天上有善見天，倍善見天上有善現天，倍善現天上有阿迦尼吒諸天宫殿。阿迦尼吒天已上更有天，名（無邊空處），無邊識處，無所有處，非想非非想處。此等皆名諸天住處。如是界分，衆生居住，若來若去，若生若滅，邊際所極，此世界中，而言諸天，如一塔層上，如一柱嵌上。昔見一喇嘛廟，木刻須彌山頂爲諸天，層層直上，誠如塔柱。今天文鏡所見諸天，有在須彌山上，層層直上，如塔如柱者乎？吾昔居印度大吉嶺，高八千餘尺，爲須彌山麓，旦夕望須彌山，雪頂如一片雲。英加拉吉打巡府閣奔語我，測實須彌山頂爲二萬二千尺，則吾所居之大吉嶺已將及須彌山之半，爲日月天、持鬘天、堅手天處，將及四天王天矣，豈可謬稱天乎！若立諸天在須彌頂，層層直上如塔柱，則地球每日自轉，自十度至百度之間，流星界內飛船到處。測量至明，烏覩印度上有如塔柱者乎？依諸佛經所言，須彌山高八萬四千由旬，上爲三十三天，則焰摩天倍之，爲十六萬八千由旬。兜率天爲卅三萬由旬，化樂天倍之，爲六十七萬二千由旬。他化自在天倍之，爲一百三十四萬四千由旬。梵身天倍之，爲二百六十八萬八千由旬。光音天倍之，爲五百三十七萬六千由旬。徧淨天倍之，爲一千萬有七十五萬二千由旬。廣果天倍之，爲二千一百五十萬四千由旬。不麤天倍之，爲四千三百萬有八千由旬。不煩天倍之，爲八千六百有一萬六千由旬。善見天倍之，爲一萬萬七千有三萬五千由旬。善現天倍之，爲三萬萬四千有七萬由旬。阿迦尼吒倍之，爲六萬萬八千有十四萬由旬。以上天未著倍數。按雜心論，二十四指爲一肘，四肘爲一弓。百倶爲一倶盧舍，八倶盧舍爲一由旬，則一弓當吾四尺，倶盧舍當五二千尺，由旬當吾一萬六千尺，爲一千六百丈，尚不及十里也。六百八十兆十四萬由旬，約得英里二千七百七十六里。夫天王星距日已一千七百八十兆哩，海王倍之，依此推算，佛所說須彌上塔柱諸天，尚在日天之內，與木土火諸游星相望，與海王星遠近相等，尚不能在銀河天二萬萬諸恆星之列，區區至小，曾何足道？惟此絶長塔柱假有之，與月行繞地之軌道相礙相觸，或與金水火木土諸星軌道相觸，則必不能有耳。若吾地須彌山有此絶長之塔柱，而今測天至明，人人握鏡能見，絶無此物。吾少常咲邵子皇極經世鋪陳十二萬年，以謂天開于子，今考地質者，動皆千百萬年，邵子可咲矣。然以佛之大智，開口荒遠，言無量數，能窮極諸天，層級數十，亦僅窮及日界。甚矣！人固甚愚，雖窮誕極夸，亦自有限，蕞爾而極小也。

若大集經佛所言二十八宿云，我妹之子，爲立妹名嗜食。角主養鳥，房主行車，心主女人，箕主陶師，令其攝護國土，養育衆生，固屬大謬，猶可謂爲寓言。若增一阿含經云：大星一由旬，小星一百步。樓炭經云：星是諸天宫宅，大星回七百里，中星四百八十里，小星二十里。瑜珈論云：諸星宿中，其星大者十八俱盧舍，其中者十俱盧舍，小者四俱盧舍。以今所測二十八宿諸恆星，皆爲日，凡二十等，吾日尚在第六等黄赤矮星之數。但心星之大，過吾日已二萬六千倍，而佛説謂爲數百數十星，比于流星，此則銀河天内恆星，佛已不知不識，況銀河天以外乎？今測日月，人人易見月中山海，吾見纍纍至晰。若起世經，佛告諸比丘，以日爲五十一由旬，月爲四十九由旬，其不知妄言，猶謬甚矣。其化日月天子，宫殿輿輦，金銀懽樂，猶可謂爲寓言，若言由旬實數，則不能誤妄若此。

各教主生在古昔，未有精鏡，談天無有不誤，吾敬諸聖，亦不欲多議。佛説無量世界，無量諸天，無量劫，無量世，其人名罪福，皆能一一數之如家珍。所謂天眼通，天耳通，宿命通，知化通，神足通，無所不至，然日月至近，尚渺不知，何必遠言？卽如所謂大中小三千世界，各以一千世界爲增級，然今所實測見者，吾日天内只八游星，則無一小千世界也。銀河天則有二萬萬日，是不止中千世界也。渦雲天有銀河天十六萬萬，是大千世界亦不止千也。蓋佛所言世界，以千增級者，不過隨意擬議推算，非謂實也。然相去太遠，誤謬亦已大甚矣。若回耶所言諸天上帝，遠不及佛之深遠，可不必論。蓋元元天爲無量天中之一微塵，渦雲天爲諸天中之一微塵，銀河天爲渦雲天十六萬之一微塵，日爲銀河天二百萬之一微塵，地爲日中之一微塵，諸教主生于此微塵地球上，稱尊不過比衆生蠢蠢稍有智慧耳。諸教主亦一生物，智慧卽有限，諸天之教主稱尊于其球內者，百千萬億，如恆河沙數，不可思議，其智慧之高于吾地教主者，亦不可思議。然極智慧終亦有限，如莊生言，人之所知，不及其所不知也。故孔子曰：「吾有知乎哉？無知也。」斯爲聖乎！

曆篇第十三

舊曆沿革五十四次及歐曆回曆皆不得地繞日之理謬誤不合用

唐天文志謂，天爲動物，久則差忒，不得不屢變其法以求之。故易以治曆屬革卦，故合古今天下人之心思，爲之踵事修改，而皆未得當也。自黃帝迄秦，曆凡六改，漢四易，魏迄隋十五改，唐至五代亦十五改，宋十七改，金迄元五改。古今凡十三家，元太史郭守敬爲最精，所制爲授時曆，明大統曆因之，用之二百七十餘年。萬歷時利瑪竇來，而後改西曆，遂行至今。明欽天監亦兼採回曆。然吾國革曆，古今五十四次，卒難密合者，以主月故，則以日月與地皆爲動物，而刻以求之，故經朔平朔準合甚難故也。回曆雖紀月，然亦以日爲主而兩記之，繁重甚矣。今歐曆改定于西十三紀，羅馬教皇改行今曆，既不用月矣。然仍用十二月爲紀，遂至有三十一日、廿八日、廿九日之支離，以施民用，窒礙多矣。地自轉以二十三時十五分四秒，尚欠四分五秒六合一年計之，差五時四十八分四十六秒，四百年補三日，故四年加一日，四百年加三閏年，則可也。

回回曆法，西域默狄納國王馬哈麻所作，其地北極高二十四度半，經度偏西一百〇七度，其曆元用隋開皇己未，卽其建國之年也。洪武初，得其書於元都。十五年秋，太祖謂西域推測天象最精，其五星緯度又中國所無，命翰林李翀、吴伯宗同回回大師馬沙亦黑等譯其書。其法不用閏月，以三百六十五日爲一歲，歲十二宫，宫有閏日。九百二十八年，而宫閏三十一日，以三百五十四日爲一周，周十二月，月有閏日。凡三十月閏十一日，歷千九百四十一年，宫月日辰再會，此其立法之大概也。按西域歷術見於史者，在唐有九執歷，元有札馬魯丁之萬年曆。九執歷最疏，萬年歷行之未久。唯回回歷設科隸欽天監，與大統參用二百七十餘年，雖有交食之有無深淺時有出入，然勝於九執、萬年遠矣。

合而論之，月是地之所生，固不可以爲紀，地既繞日，更不能不以爲紀時。而中西各曆皆昧昧，且誤謬已甚，不可不盡革之矣。吾依地之繞日，創爲新曆，庶幾地球行之。

今改定新歷，以吾人生于吾地，以地繞日爲法則，不能易。定曆宜以地爲法，吾萬國人皆生於地上，所見皆同，始所受用，皆因於地。故大地古今萬國，皆有歲月日時之紀，以授事而記時，若不據地，則不足法。今以地繞日爲法，爲不可易之定理。

地面之測定

兩極及地軸。地球運行於軌道上，稍有傾斜，其上端極盡處之一點曰北極，下端極盡處之一點曰南極。由兩極通過地心假設一直線曰地軸，地球自轉時，惟此軸所指之方向不變。

三赤道及南北兩半球。於地球表面上距離南北兩極相等之間，畫一大圓圈曰赤道，以此分地球爲南北相等之兩半球，在赤道以北爲北半球，赤道以南爲南半球。

四緯線及緯度。地球表面設横畫之線，東西相通，與赤道平行，謂之緯線，又名緯度圈，或名平行圈。緯線間之距離曰緯度，緯度之起算以赤道爲零度。赤道以南曰南緯，赤道以北曰北緯，計共三百六十度，度析爲六十分，分析爲六十秒。其近兩極之緯度稱高緯度，近赤道之緯度稱低緯度。其每度距離約二百零六里有奇，各度之距離均相等。

緯度測定法。北極星遥指北極，自赤道下觀之，始見在地平線上，故赤道之緯度爲零度。隨向北移，漸至高緯，則見極星亦漸高，及至北極，則極星始現於直上，此北極之緯度爲九十度也。再移而南，亦如之。如此，知極星之高若干度，卽知其地緯度爲若干度也。

五經線及經度。地球表面設縱畫之線，通過南北兩極，與赤道相交成直角者，曰經線，又名經度圈，亦稱子午線。經線間之距離曰經度，總計三百六十度，度亦析爲六十分，分再析爲六十秒。每度之距離，以在赤道處爲最寬，合二百零七里有奇，隨向南北兩端則漸狹，至於兩極則相集而畫於一點矣。經度之起算，各國多以通過其本國京城之子午線爲中線，以東稱東經，以西稱西經。如我國地圖，以通過北京觀象台之子午線爲準是也。

西一八八四年，在美國華盛頓開萬國子午線會議，各國咸認英京格林威池天文台之子午線爲中線，稱基本子午線。

經度測定法。地球之經度共三百六十，其自轉一周須二十四小時，每時行每一度須四分，故由兩地點時間之差，可推知其經度。惟須先知一地點之經度，以爲推算他地之準耳。

南北回歸線。於赤道北二十三度半之處，劃與赤道平行之圈線，曰北回歸線，又有北回歸圈，夏至線諸名。於赤道南二十三度半之處，劃與赤道平行之圈線，曰南回線，亦名南回歸圈，冬至線。

南北極圈。於距北極二十三度半之處，劃與赤道平行之圈，曰北極圈，亦曰北圓線，或北寒帶圈。於距南極二十三度半之處，劃與赤道平行之圈，曰南極圈，又曰南圓線，或南寒帶圈。

磁地氣

磁針之所以指南北者，以地球亦一大磁石，南北各有磁極，有以感之也。北磁極在北美洲加拿大之布剔亞新錫蘭之南方。若從磁針指向南北，追尋終當至此兩極。

偏角磁針所指之兩極，與地球之兩極，正南正北不相符合，必有偏東偏西之差，是曰磁石偏角。一地偏角變動無常，其因火山噴薄，地震將作，頓生劇變者，特稱之曰磁暴，亦曰磁嵐。若因磁暴之起，查方位線之異狀，得預知大震消息，以避災變。

傾角磁針不僅有東西之偏，且不爲真正水平，必有一端向下。其向下之針，與水平線所成之角，曰磁石傾角。惟在赤道附近，則幾乎漸及高緯角度，乃大至兩端，則垂直而爲九十度角。

等磁線。磁針所指，有與正南北略相符合之處，聯此諸處爲一線，曰無偏角線；聯其同備角各處所得之曲線，曰等偏線；聯其無傾角各處所得之曲線，曰地磁赤道；聯其傾角相同各處所得之曲線，曰等傾角線；其聯結水平分力相等各處所得之曲線，爲曰等磁力線。

磁力磁針振動源於地磁，其靜止處乃偏傾合力所在，名曰磁力，可分爲水平分力，與垂直力兩種。

地表磁力之强度，各處不同，自地磁赤道隨向兩極而漸强。

地層之構造有破裂凸凹之殊形，或如玄武岩之有含鐵岩者，皆能使磁力差異。

地自轉成晝夜今以一晝一夜爲一轉舊以日爲紀宜改

地球因自轉而生晝夜，因公轉而生四時。至於晝夜有長短之別，四時有寒暑之分，蓋地軸對軌道面之垂直線，有二十三度半之角度使然。

兩極圈内之地，以半年爲晝，半年爲夜。然闇然無色，不辨咫尺者，各不過九十日，其餘則因光線反照，或震盪影極，光明黯麗，與温帶地方曉光晚照之景色相髣髴。

舊以晝夜爲一日，歷三十日之晦朔以爲一月，歷十二月三百五十五日以爲一歲，此萬國所同也。蓋地爲日熱質之分點，自離日而行，即有熱力拒日，自爲動轉。在地中温熱帶之人視之，向日而受其光則爲晝，背日而無光則爲夜，雖南北冰海之人，半年全向日，半年全背日，無一晝一夜之别，而人類居温熱帶爲多，故從多數，以地爲晝夜。凡一晝一夜之間，則地經自轉一次。古之人不知地自轉也，誤以爲日之繞地也，遂以日爲紀。古用支干紀日，今既知地自轉矣，宜行其實，以地轉爲名，故今定紀日，曰某轉。

地環繞日一次爲一周年歲之名宜改

地球每年繞日一週，軌道共長五萬八千萬英里。地球繞日，與太陽距離常不相等，其最近時在冬至，曰近日點，距日約九千一百五十萬英里，故視日較大，地轉亦以此時爲速。最遠時在夏至，曰遠日點，距日約九千四百五十萬英里，故視日較小，地轉以此時爲遲。地公轉之速度，年約六億英里，每日約百六十萬英里，每小時約六萬六千六百六十英里，每分平均一千餘英里。

凡地繞日三百六十五轉六分十秒。蓋地爲生物，內爲日所控，外爲他星所牽，故萬無一定之時，而紀時者不能不出于有定，此不得不然者也，于是零餘無所歸，不得不立閏以整齊之矣。雖閏月閏日不同，而以人事補天，以得整齊之定數，乃立不得已之法。故每年强定爲四分度之一，積四年則合爲一日之數，故積四年可閏爲一轉，常年爲三百六十五轉，當四年之閏爲三百六十五轉也。三百六十五度四分度之一爲一歲，大地萬國之曆所同者。蓋地自轉三百六十五次又六分四秒，而地繞日一周，古人不知，以爲諸星繞天，故名曰歲。又北方以禾歲一熟，故假名曰年，實皆非也。宜因地繞日一周之實，名之曰周。十歲則曰十周，百歲則曰百周，推之千萬億兆無量數年，皆以周紀之爲宜。或曰期亦無不可，則十年曰十期，百年曰百期可也。然不若曰周之切也。

宜以春分爲元正

其全地立朔，當在春分爲改正焉。孔子立三正，周建子，商建丑，夏建寅，皆可也，而以建寅爲正，論語謂行夏之時是也。若今歐、美則近於周正建子，日本從之。俄則商正建丑，爲近。其餘馬達加斯加、暹羅、回教建九月，緬甸建四月，印度建五月，波斯建八月，秦漢建十月，唐代宗時曾建四月，全球各國處處不同。夫論周期之算，地繞日也，本自圓周，則無日不可起元。吾古者曆元多起冬至，今歐美亦同，蓋地北半球人，因日影至短之故，天寒易測，故就此起算。然今澳洲、南美既通，則以北半球冬至爲夏至矣。然則，以二至起元，亦無不可，惟二至者地當高冲卑冲之極點，地爲動質，又爲日軌諸游星所吸，高下本自不等，冲無定位，非巧曆所能測算。夫以無定之冲，而欲以有定之算推之，其必不準，不待言也。以不能決定準數之時而妄定之，雖相去不遠，而實已大誤矣。故用二至無定之冲，不若用二分有用之平，爲得其準矣。中國古重廿四候者，夏小正、月令、逸周書主之。今或主用廿四候者，然施於今南半球，則適得其反，不能用也。春秋二分，同處地平，本無少異，以爲朔元，亦無所不可。惟以全地論之，處北半球當春分之時，百花爛漫，草木萌生，水源溢盛，而河冰解凍，氣象維新，生機盎溢，自經冬冷收藏之後，于種植既得時宜，于作事便於謀始。若秋分，則草木黃落，水源復涸，氣象淒慘，生意蕭條，又上承夏熱生物方盛，于種植及作事，皆截然不分爲兩歲，故大地文明之國，三正皆用涼時，乃時地自然之勢也。兩相比較，則立朔改元，斷無用秋分之理。惟在熱帶之國，終歲水木花草如一，則或可九月紀元，若温冷帶則萬不可行者也。故以地轉論，用二至不若用二分；以經凍論，用秋分不若用春分。當花開凍解之良辰，以行立朔改元之慶典，水草香溢，種植得時，以作事謀始，不亦可乎！雖南半球少有不宜，然南半球美澳洲之地，皆在熱帶，爲多熱帶地，本無春秋之異，在帶外者，地亦無多，春分僅當八月，令華實美茂，不至大淒清也。且今各文明國以三正紀元，然多在冷帶之地，木葉盡脫，大地盈冰，木枯不花，氣候沍寒，宴會不便，繁華無象，于立朔改元之慶，亦不若春分之美也。宋沈括夢溪筆談主以春分爲元正，吾以爲然，故宜全行之。

以春夏秋冬四游紀時

既以春分爲元朔，則自春分至夏至，地下游之時，名曰春游；自夏至至秋分，地上行之時，名曰夏游；自秋分至冬至之時，地更上游，名曰秋游；自冬至至春分之時，地下行之時，名曰冬游。通曰四游。月爲地之行星，與地轉不相關。古人草昧，曆學難明，以懸象著明，莫大于月，民所易識，故以月之晦望定時，以便民也，大地所同矣。然以用月之故，定朔日甚難，强爲九道以測之，又爲正朔定朔經朔均輪次輪以求之，而晦朔終不可得正也。蓋月亦動質，其繞地也，約以二十九日十二時四十四分，然亦不等。以月行無定，而以有定之日數强爲牽合，亦不得可準也。于是分以二十九日與三十日，爲閏月以求之，五歲再閏。在太古，道路不通，儀器甚少，人民望月以紀時，本自爲便。若大同之世，道路大通，儀器尤多，人易知時，不必測月矣。且紀元專以地爲主，月但轉地，與地轉無關，我爲地中之人，何必以父而從子？故不可以月紀時也。而今之陽曆既已廢，月仍用十二爲數，無所取義，且非十進之數，于推算不便，致有三十一日、二十八九日之不等，參差太遠而難記，則尚不如陰曆之三十日、二十九日各半算之較整齊也。回教九執曆，以太陽太陰各別爲紀，專從太陽以正地之所繞，兼明太陰以便民之所視，義亦允宜。吾國今改陽曆，而民間久習陰曆，驟改之，於農工商業不宜，則應從回曆法，陰陽合用爲宜也。然今大地既通合，既非金、木、水、火、土、天王、海王星之人，而爲地人，行立瞻視，皆以地爲主，則月可盡删，可無十之畸零，亦無立閏測朔之繁難矣。

每地轉之晝夜各分十時爲記每轉共二十時舊十二時廿四時宜改

一地轉之號，中國分十二時，分而折之，義更精細，則爲廿四，今歐美時表所通行也。然紀數以十爲便，十二、廿四皆爲紆曲。左傳曰：「人有十時。」中國古者十時，每時分百刻，每刻分百杪，則至方整，故定時爲十，其義較妥。惟以鷄鳴日晡等爲名，亦未以支干紀時，或晝夜僅十分之，稍疏不便作事，不若晝夜各爲十時。地之向日背日，皆自然之勢，人居地上，所關于晝夜者甚大，雖近赤道者，晝夜平分，自此冬夏之間或晝長夜短，或夜長晝短，而南北冰洋且以半年爲晝夜，若以十時爲晝夜刻，似不盡得其宜。然人類在温熱帶爲十之九，在冰帶甚少，從晝夜之正名之，亦何害焉。今歐美人二十四時，亦分兩次，實先行之。既有百刻百杪以分時，則與歐美二十四時相去無幾，行之至易矣。

每時皆用十進定爲十刻十杪十微舊六十十二之零數宜删

若其改日，則孔子先立三時：有以平旦者，有以夜半者，有以鷄鳴者。泰西則以日中，夜中，恰合中國，正可用之。若一時之内，今中國分百刻，于一刻之中分六十杪，于一杪之中分六十分，于一分之中分六十微。歐人于一時之中分四骨，每骨三字，亦同于時數，每字十五眉尼，每時凡六十眉尼，每一眉尼分六十息緊，其數不由十進，皆未爲善。宜于每時之中分十刻，如息緊之比，每刻之中分十杪，每杪之中分十微，其針輪之遲速，卽以此定之。凡此皆人爲之事，宜以整齊爲主，不得爲六十或十二之畸零焉。

以七日來復爲休息日且紀之于某轉上

以七紀事，乃大地上諸聖之公理。孔子作易曰：「七日來復。」蓋卦氣以六日七分爲一周也。故易緯曰：「一變而爲七。」印度至古之婆羅門，卽一切有七日之義。吾別有七日攷。而猶太有七日造成天地人之說，于是有七日休息之義，甚合于孔子至日閉關，商旅不行不省方之說。今病者多七日卽愈，實來復之氣也。埃及、巴比倫亦有之。此其不易解之奇理，實人道之至情。蓋五日一息則太繁，十日一息則太遠，七日適得其中，不疾不徐，于人爲宜。於四游之中，宜以七日爲紀，曰第幾來復。

閏日

計地一周，凡三百六十五轉有奇，凡五十二復，餘一日以爲歲首日，此外七轉而一復。周而復始，四年歸餘三日，作爲閏轉，卽閏日。與歲首兩日不入五十二復之數。自歲首第二日爲始，則第八日爲第二復可也。但此爲人立之義，非地理也。

曆紀宜曰某周某游第幾復第幾轉

四游之日，有長有短，春秋游有八十七八轉者，夏冬游者九十三轉者，名某游第曰幾轉，于地游轉之理最爲得宜。游與復不能合，若參人事之宜，則論復不論游可也，或兼游復，亦不厭其詳也。地球既合，以天下爲一家，曆應以大同紀元。今請定其曆，名曰大同第幾周，某游第幾復第幾轉，或不書游曰某轉，或書某周、某復、某轉，三者皆可也。一轉之中，書某時刻、某杪、某微，如斯則上合地道，下通人事矣。

都邑大道立地繞日月繞日各游星與地交表以明時

凡都邑大道，皆爲時表塔樓，正表爲內外圓球形，內刻日形，外轉者爲地形，劃爲三百六十五轉四分轉之，高下分上下中平四游，轉高卑而運移之，附以七日來復之數。其當閏轉之年，則刻三百六十六度，是爲地周表，審年者準焉。東爲地轉表，別晝夜爲白黑二色，各劃十時，內分十刻，刻中分十杪，杪中分十微，作地球形，向背日而轉之，是爲地轉表，察轉者準焉。西爲月繞地表，爲月球繞地，準其朔望、朓晦、上弦、下弦而運之，並置閏月，與地之三百六十五度相對取準，攷月者察焉。北爲金、水、火、土、木、天王、海王諸星與地相交之表。若是，則人人可知與日月五星之行以授時焉。此外，小表可以藏于懷，置于室，五星之陵犯食入，人人皆曉，月之晦望弦朔，不患不知，此則陰曆可廢而不礙民用，陽曆可改而月躔可删，復日可通而人道可息，時運可游合周轉之宜，曆行之最切備者也。

儀象篇第十四

總説

璿璣玉衡，爲儀象之權輿，然三代莫能徵也。周禮有圭表、壺漏，而無璣衡，其制亦不可考。漢人製造渾天儀，謂卽璣衡遺制，其或然歟。厥後代有制作，大抵以六合、三辰、四游，重環湊合者，謂之渾天儀；以實體圓球，繪黄赤經緯度，或綴以星宿者，謂之渾天象。其制雖有詳略，要亦青藍之別也。外此，則圭表、壺漏而已。迨元作簡儀、仰儀、闚几、景符之屬，制器始精詳矣，則郭守敬之功也。萬歷中，西洋人利瑪竇制渾儀、天球等器，仁和李之藻撰渾天儀説，發明製造施用之法，文多不載，其製不外於六合、三辰、四游之法。但古法北極（山）〔出〕〔一〕地，鑄爲定度，此則子午提規，可以隨地度高下，於用爲便耳。崇禎二年，禮部侍郎徐光啓兼理歷法，請造象限大儀六，紀限大儀三，平懸渾儀三，交食儀一，列宿經緯天球一，萬國經緯地球一，平面日晷三，轉盤星晷三，候時鐘三，望遠鏡三，報允。已，又言：定時之法，當議者五事：一曰壺漏，二曰指南針，三曰表臬，四曰儀，五曰晷。漏壺，水有新舊滑濇，則遲疾異，漏管有時塞時磷，則緩急異。正漏之初，必於正午初刻，此刻一誤，靡所不誤。故漏壺特以濟晨昏

〔一〕「出」字據明史天文志校改。按，此節文字全抄録自明史天文志，下面改正處，不再一一説明。

陰晦，儀、晷、表臬所不及，而非定時之本。指南鍼，術人用以定南北，辨方正位咸取則焉。然鍼非指正子午，曩云多偏丙午之間。以法考之，各地不同，在京師則偏東五度四十分。若憑以造晷，冬至午正，先天一刻四十四分有奇，夏至午正，先天五十一分有奇。若表臬者，卽考工匠人置槷之法，識日出入之影，參諸日中之影，以正方位。今法置小表於地平，午正前後累測日影，以求相等之兩長爲東西，因得中間最短之影爲正子午，其術簡甚。儀者，本臺故有立運儀，測驗七政高度。臣用以較（平）〔定〕子午，於午前屢測太陽高度，因最高之度，卽得最短之影，是爲南北正線。既定子午卯酉之正線，因以法分布時刻，加入節氣諸線，卽成平面日晷。又今所用員石欹晷，是爲赤道晷，亦用所得正子午線較定。此二晷，皆可得天之正時刻，所爲晝測日也。若測星之晷，實周禮夜考極星之法。然古時北極星正當不動之處，今時久漸移，已去不動處三度有奇，舊法不可復用。故用重盤星晷，上書時刻，下書節氣，仰測近極二星，卽得時刻，所謂夜測星也。七年，督修歷法，右參政李天經言：輔臣光啓（言）：定時之法，古有壺漏，近有輪鐘，二者皆由人力遷就，不如求端於日星，以天合天，乃爲本法，特請製日晷、星晷、望遠鏡三器。臣奉命接管，敢先言其略。日晷者，礱石爲平面，界節氣十三線，內冬夏二至各一線，其餘日行相等之節氣，皆兩節氣同一線也。平面之周，列時刻線，以各節氣太陽出入爲限。又依京師北極出地度，範爲三角銅表置其中。表體之全影指時刻，表中之銳影指節氣，此日晷之大略也。星晷者，治銅爲柱，上安重盤。內盤鐫周天度數，列十二宮以分節氣，外盤鐫列時刻，中橫刻一縫，用以窺星。法將外盤子正初刻，移對內盤節氣，乃轉移銅盤北望帝星與句陳大星，使兩星同見縫中，卽視盤面銳表所指爲正時刻，此星晷之大略也。若夫望遠鏡，亦名窺筩，其制虛管層疊相套，使可伸縮，兩端俱用玻璃，隨所視物之遠近以爲長短。不但可以窺天象，且能攝數里外物如在目前，可以望敵施砲，有大用焉。至於日晷、星晷皆用措置得宜，必須築臺，以便安放。帝命太監盧維寧、魏國徵至局驗試用法。明年，天經又請造沙漏。明初，詹希元以水漏至嚴寒水凍輒不能行，故以沙代水。然沙行太(速)〔疾〕，未協天運，乃以斗輪之外復加四輪，〔輪〕皆三十六齒。厥後周述學病其竅太小，而沙易堙，乃更製爲六輪，其五輪悉三十齒，而微裕其竅，運行始與晷協。天經所請，殆其遺意歟。夫製器尚象，乃天文家之首務。然精其術者，可以因心而作。故西洋人測天之器，其名未易悉數，(而)〔內〕渾蓋、簡平二儀，其最精者也。

歐人測天之動物圈北天南天十二宮

歐洲自希臘人以動物名星，測星分動物圈、北天南天。自黃道南北二十度卽動物圈，亦爲十二宮，與中國同，推日與恆星之位置。

(一)白羊宮	(山羊座)	(二)金牛宮	(牡牛座)
(三)雙女宮	(雙子座)	(四)巨蟹宮	(蟹　座)
(五)獅子宮	(獅子座)	(六)處女宮	(乙女座)
(七)天秤宮	(天秤座)	(八)天蝎宮	(蝎　座)
(九)人馬宮	(射手座)	(十)摩羯宮	(山羊座)

（十一）寶瓶宮　（水瓶座）　（十二）雙魚宮　（雙魚座）

動物圈之北卽北天：（一）大熊座，（二）小熊座，（三）龍座，（四）計月夫士座，（五）加施阿壁亞座，（六）晏多羅箟他座，（七）壁路舍烏〔一〕士座，（八）壁加士士座，（九）小馬座，（十）北三角座，（十一）五車座，（十二）大角座，（十三）北冠座，（十四）蛇遣座，（十五）蛇座，（十六）帝座，（十七）鷲座，（十八）矢座，（十九）天琴座，（廿）白鳥座，（廿一）海豚座，二十一星座。此衍北天之二十一座，希臘時代創定。

動物圈之南南天此處：（一）阿里安座，（二）鯨座，（三）域利他士士座，（四）兔座，（五）小犬座，（六）大犬座，（七）水蛇座，（八）甕座，（九）烏座，（十）劍他烏〔二〕路士座，（十一）狼座，（十二）祭壇座，（十三）南魚座，（十四）阿路我座，（十五）南冠座。

昔定北天之二十一座，動物圈之十二座，南天之十五座，合四十八之星座，卽昔言傳爲四十八宿。

其後南北天各改立新星座，北天三十二座，南天四十五星座，跨南北兩天者九星座，合八十六星座，周天三百六十度，赤道北九十度，赤道南九十度。

歐人測天十二月之天象

一月之天象

〔一〕此「烏」字疑當作「鳥」字。

〔二〕此「烏」字疑亦當作「鳥」字。

一月中旬午後八時之恆星

獅子座

大犬座

阿里安座

阿里安座

雙子座

小犬座

牡牛座

馭者座

白鳥座

二月之天象

二月之中旬午後八時之恆星

大犬座

牡牛座

阿里安座

阿里安座

駛者座

獅子座

雙子座

小犬座

獅子座

三月之天象

三月中旬之恆星

雙子座

雙子座

駛者座

牡牛座

牡牛座

阿里安座

阿里安座

小犬座

大犬座

獅子座

乙女座

牛飼座

四月之天象

四月中旬午後八時之恆星

馭者座

雙子座

小犬座

牡牛座

阿里安座

大犬座

牛飼座

五月之天象

五月中旬之午後八時之恆星

馭者座

雙子座

小犬座

獅子座

牛飼座

乙女座

六月之天象

六月中旬午後〔八時〕〔一〕之恆星

獅子座

乙女座

牛飼座

牛飼座

大熊座

琴座

雙子座

七月之天象

七月中旬午後八時之恆星

〔一〕「八時」二字據前後文例補。

鷲座
白鳥座
琴座
蝎座
牛飼座
乙女座
獅子座

八月之天象

八月中旬午後八時之恆星
白鳥座
琴座
鷲座
牛飼座
乙女座
蝎座

九月之天象

九月中旬夜之恆星

琴座

白鳥座

鷲座

南魚座

蝎座

牛蝎座

十月之天象

十月中旬夜之恆星

白鳥座

琴座

鷲座

呸路羞士座

南魚座

十一月之天象

十一月中旬夜之恆星

馭者座

琴座

白鳥座

鷲座

南魚座

牡牛座

阿里安座

阿里安座

十二月之天象

十二月中旬夜之恆星

小犬座

雙女座

雙女座

馭者座

大犬座

阿里安座

阿里安座

阿里安座

牡牛座

南魚座

白鳥座

琴座

測中國各省度

崇禎初，西洋人測得京省北極出地度分：北京四十度，周天三十六度，度六十分立算，下同。南京三十二度半，山東三十七度，山西三十八度，陝西三十六度，河南三十五度，浙江三十度，江西二十九度，湖度〔一〕三十一度，四川二十九度，廣東二十三度，福建二十六度，廣西二十五度，雲南二十二度，貴州二十四度。以上極度，惟兩京、江西、廣東四處皆係實測，其餘則據地圖約計之。

中國古來以動物圈分劃天象，名爲十二宫，即十二圜之星座，其名如左：

一白羊宫，即山羊座；二金牛宫，即牡牛座；三雙女宫，即雙子座；四巨蟹宫，即蟹座；五獅子宫，即獅子座；六處女宫，即乙女座；七天秤宫，即天秤座；八天蝎宫，即蝎座；九人馬宫，即射

〔一〕「度」字誤，疑當作「北」字。「湖北」恰當北緯三十一度。

手座；十摩羯宫，即山羊座；十一寶瓶宫，即水瓶座；十二雙魚宫，即雙魚座。

上述十二宫，除寶瓶宫外，悉與希臘古傳之星名無異。以動物圈之星座爲中天，其南爲南天，北爲北天。北天共有二十一星座，自希臘時代創定，其名如左：

一大熊座，二小熊座，三龍座，四極飄鳥士座（譯音），五加施阿比亞座（譯音），六晏多羅美他座（譯音），七卑路疏士座，八壁加士士座，九小馬座，十北三角座，十一五車座，十二大角座，十三北冠座，十四蛇遣座，十五蛇座，十六帝座，十七鷲座，十八矢座，十九天琴座，二十白鳥座，二十一海豚座，共二十一星座。

南天星座共有十五，其數如左：

一阿里安座，二鯨座，三翳利打奴士座（譯音），四兔座，五小犬座，六大犬座，七水蛇座，八甕座，九鳥座，十經兜路士座（譯音），十一狼座，十二祭壇座，十三南魚座，十四阿路哥座（譯音），十五南冠座，共計十五星座。皆二千年前已定名者。

共計：中天、南天、北天成爲四十八宿，今昔無異議，故名相同。

一月之天象，一月中旬之午後八時之恆星：

獅子座（例嬌路士）

大犬座（施料士）

阿里安座（里伽路）

阿里安座（羆的路喬士）
雙子座（坡路咕士）
小犬座（蒲羅强）
牡牛座（阿路的巴蘭）
馭者座（加啤拉）
白鳥座（爹呢步）

二月之天象，二月中旬午後八時之恆星：

大犬座（施料士）
牡牛座（阿路的巴蘭）
阿里安座（啤的路喬士）
阿里安座（里伽路）
馭者座（伽壁拉）
獅子座（加士多路）
雙子座（坡路咕士）
小犬座（蒲羅其安）
獅子座（力喬路士）

三月之天象，三月中旬夜之恆星。

雙子座（加士多路）

雙子座（坡路速士）

馭者座（加壁拉）

牡牛座（阿路的巴蘭）

牝牛座（鋪力呀爹士）

阿里安座（壁的路喬士）

阿里安座（里加路）

小犬座（布羅强）

大犬座（施料士）

獅子座（力喬路士）

乙女座（士卑卡）

牛飼座（阿路桠昭羅）

四月之天象，四月中旬午後八時之恆星。

馭者座（伽壁拉）

雙子座（坡路着士）

小犬座（阿路的巴蘭）
阿里安座（罷的路喬士）
大犬座（施料士）
牛飼座（阿路咕昭士）

五月之天象，五月中旬之午後八時之恆星：
馭者座（伽壁拉）
雙子座（坡路着士）
小犬座（布羅强）
獅子座（阿路的巴蘭）
牛飼座（阿路咕昭拉士）
乙女星（士壁伽）

六月之天象，六月午後八時之恆星：
獅子座（阿路的巴蘭）
乙女座（士壁伽）
牛飼座（阿路咕吐昭拉士）
牛飼座（握西弄）

大熊座（呢喳）
琴座（布歆伽）
雙子座（加士多路）
七月之天象，七月中旬之午後八時之恆星。
鷲座（阿路梯亞）
白鳥座（爹呢步）
琴座（布域加）
蝎座（鶩他例）
牛飼座（阿咕昭拉士）
乙女座（士壁加）
獅子座（力高拉士）
八月之天象，八月中旬午後八時之恆星。
白鳥座（的尼布）
琴座（布域加規咦）
鷲座（阿路梯咦）
牛飼座（阿路咕船拉士）

乙女座（士壁加）

蝎座（安他力士）

九月之天象，九月中旬夜之恆星：

琴座（布域加）

白鳥座（的尼布）

鷲座（阿路地耶）

南魚座（科馬路坡大）

蝎座（鷲他里士）

牛飼座（阿咕昭拉士）

十月之天象，十月中旬夜之恆星：

白鳥座（的尼布）

琴座（布域加）

鷲座（阿路地耶）

呸路羞士座（阿路哥路）

南魚座（科馬路坡大）

十一月之天象，十一月中旬〔夜〕〔一〕之恆星：
駁者座（加壁拉）
琴座（布域加）
白鳥座（的丸布）
鷲座（阿路咕明拉士）
南魚〔座〕〔二〕（科馬路坡大）
牡牛座（阿路地巴拉士）
阿里安座（壁的路喬士）
阿里安座（里伽路）
十二月之天象，十二月中旬夜之恆星：
小犬座（鋪羅强）
雙女座（加士多路）
雙女座（坡路嗃）
駁者座（加壁拉）

〔一〕「夜」字據前後文例補。
〔二〕「座」字據前後文例補。

大犬座(施料士)
阿里安座(呷步西弄)
阿里安座(壁路路喬士)
阿里安座(里伽路)
牡牛座(阿路的巴蘭)
南魚座(科鳥路坡大)
白鳥座(的尼布)
琴座(布域加規咦)

附篇第十五

天之大不可思議破德人愛因斯坦相對論謂天之大有限德人利曼謂天之大僅十萬萬光年之謬

天之大無限，今德人愛因斯坦發相對論之原理，謂天雖無邊，非無限之無邊也。無邊者，非如諸天球之面，有橢圓體面而爲境也，謂宇宙爲大無邊者，雖無明確之邊，而有一無邊之邊爲其界，故不曰有邊，而曰有限也〔一〕。德人利曼氏亦倡天亦有限之說。天而有限，則其形狀之大如何，總量如何，可以算之。

天之大以電尺測之，如電光之速，一秒能行六十萬千四百里，若定天之一方面而測之，由此方面直放電光前進，須要十萬萬年而後還原處此度，卽天之形狀若乙列氏所倡之四復元之數學算之，天之重

〔一〕按，康有爲在一九二七年正月九日的家信中，有以下内容：「告僖（指麥僖曾），諸天講愛恩斯坦篇加二句如下：『愛恩斯坦擬棄以太，發明萬有引力之光線爲圓錐曲線，爲奈端所不及』。催諸天書速成」。可供參考。（引自一九七九年五月香港匯文閣書店出版，李雲光著康有爲家書考釋。附康氏家書手跡。）

量是 10520 磅，卽一之作五十二圈數之磅是也。然爲此説者謬甚。無論人無十萬萬年之壽，不能見其電之還原處，假有十萬萬歲之壽者能確測之，然譬人家有一卵殼内之物，測至其殼内能還原處，卽謂物之大者止于一卵，則卵外豈無他物耶？豈不大愚乎？其謬不待辨矣。

哈注謂微生物之重量過于天之重量之謬

拉布哲希大學之哈注教授，以微生物之生長比較論之。如白的利亞之菌，每一時分裂生産二十四時間分裂之爲一千六百萬，經二日則分産三千萬億，三日分産數是 5^{18}，卽五上加十八次之數，其重量達至數十噸，如經六日，其重量過地球以上，若經十日，則菌之分産過於天之量。然天之電子其重量是 73 10，若經十一日，則菌之重量過於電子之重量矣。二者皆無據之説也。夫天内之一微生物已如此，況于天乎？益以見天之無量，不可常理測，不可識思也。

修按，以上兩節，原稿列於通論篇内，今附此。

滿月圖

南海
第谷山
汲海
斯密士海
汶海
濕海
雲海
提僧伽
李萬群山
不海克路
變海
不海克路
定海
中央海灣
沉海
晴海
提馬利格
刻白爾山
利子
哥白尼山
山群寧亦彌
夢湖
雨海
亞里大各山
雲澤
亞里士多德山
阿爾伯群山
露灣

第一圖

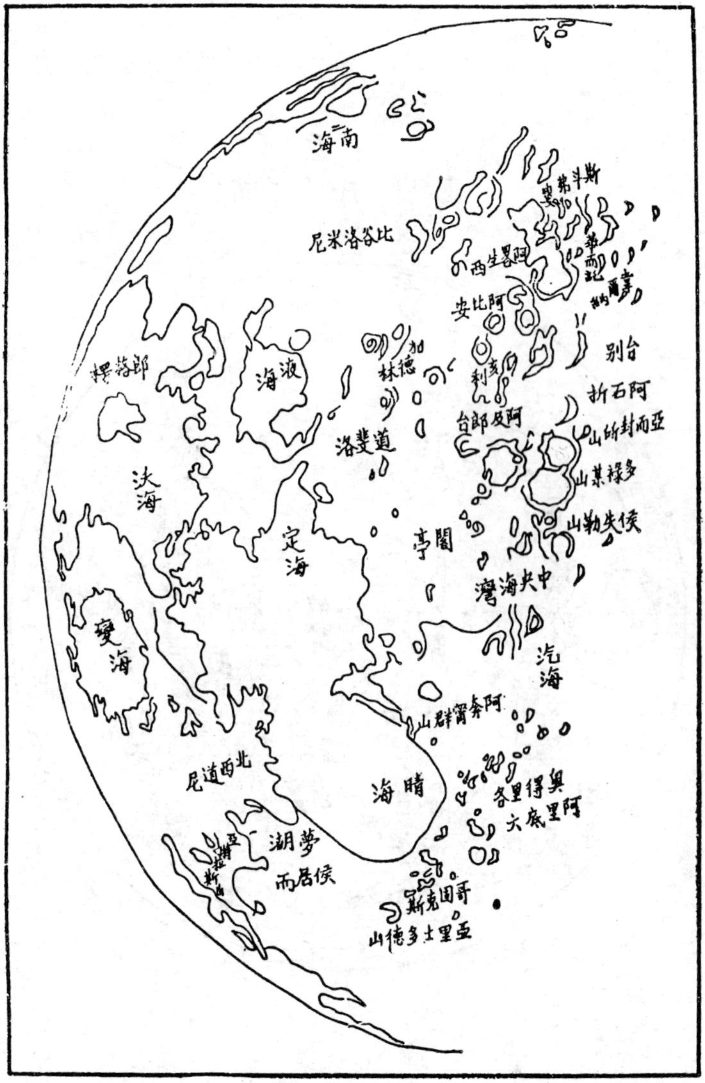

南海
比谷洛米尼
斯斗弟奥
阿比安
台別
阿石折
亞而封所山
多祿某山
侯失勒山
阿及郎台
道斐洛
液海
沃海
定海
中央海灣
汽海
變海
阿奔寗群山
北西道尼
晴海
奥得里各
夢湖
侯居而
哥白克斯
亞里士多德山

第二圖

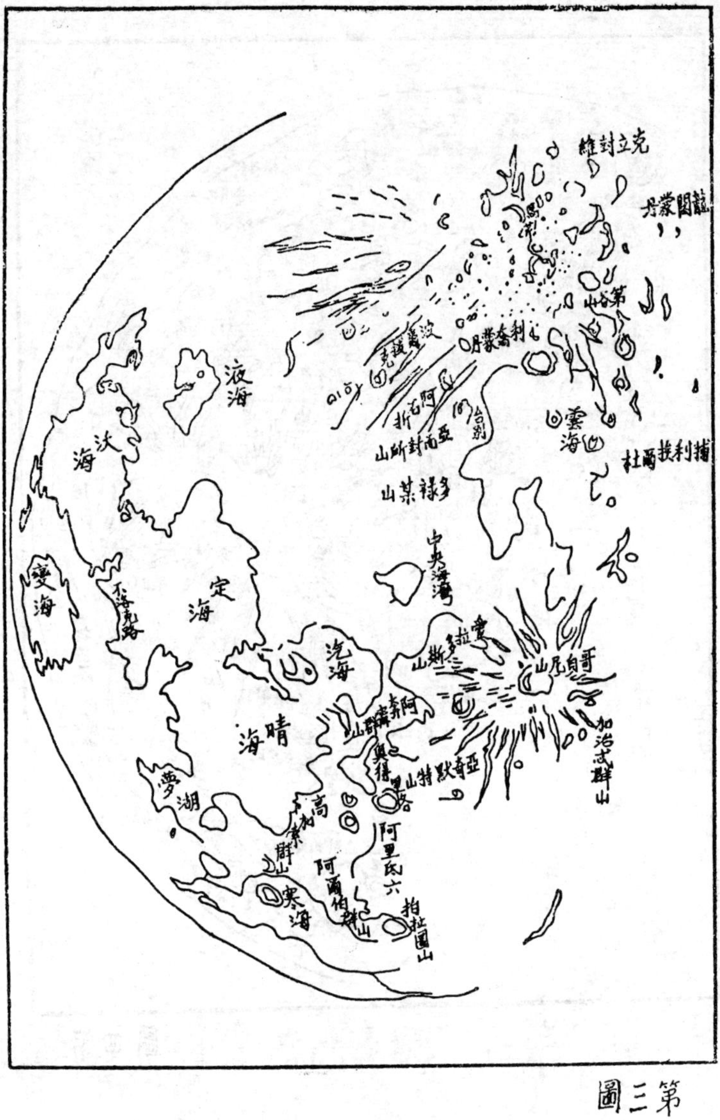
雲海
寒海
晴海
定海
沃海
液海
汽海
變海
夢湖
中央海灣
哥白尼山
第谷山
多祿某山
亞而封斯山
阿里氏六
拍拉圖山
高加索群山
阿爾伯群山

第三圖

第四圖

大層　　　氏臺　　法剌台子　　　利子

弟老訶斐　　　　　斯底白剌　　林特郡

皁耳納剌

斯德　　　　　台南　　　　　比谷洛尼

士哈　　司納里

披遨　　旭爾泡

　　　　　　　三德壽　　利到　　加剌島

棼士德勞德類　　　　　　　　司耆

比亜　勒來

　　　克珂　　　　　海波

　　　耳路克麥　　　比利　　　來特麥

文特林　　哥侖布　　野山

　　洛克樹　　　　　　　衣兩圍樂

　　沃海　　　　　旦佶革

　　　　　閣克勒尼　　拉奧加

朗格楊

罘樹

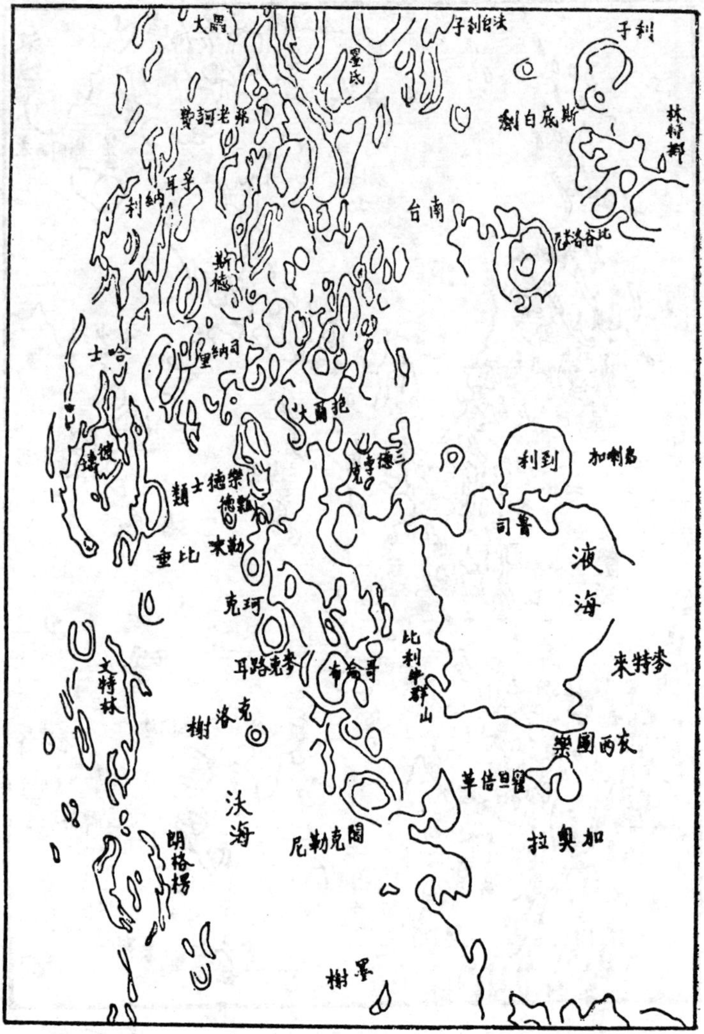

第五圖

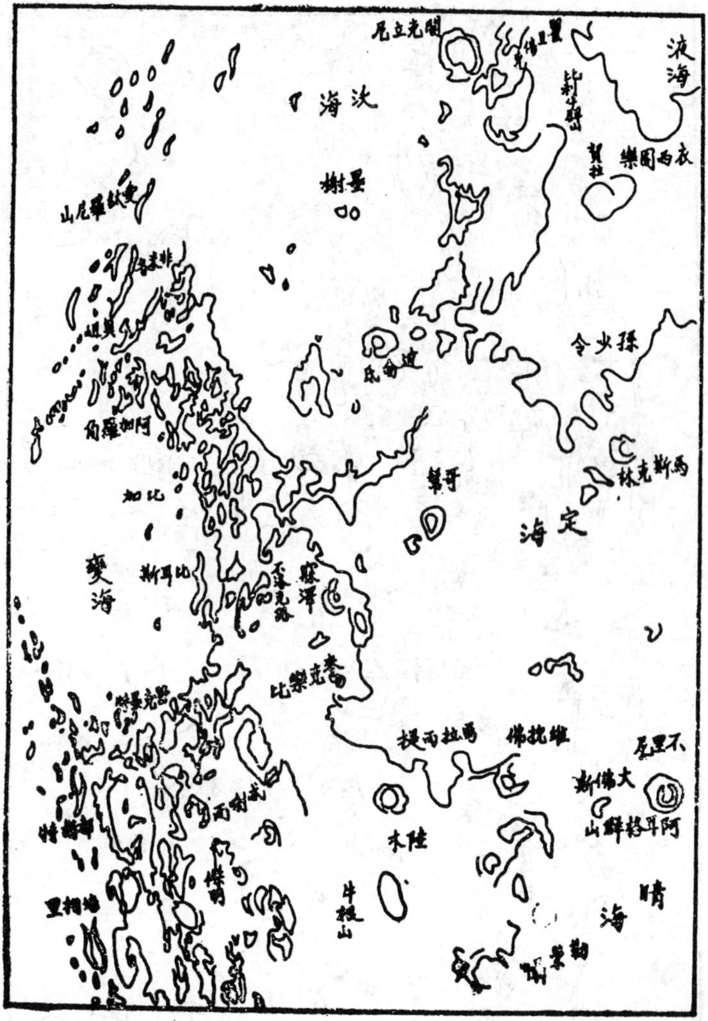

第六圖

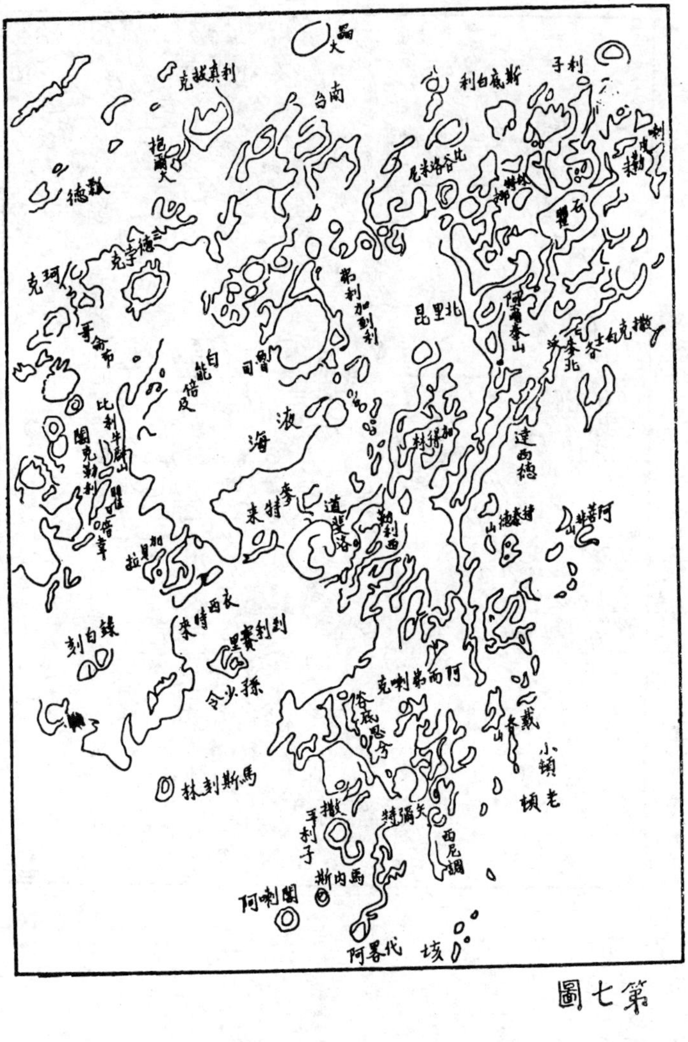

第七圖

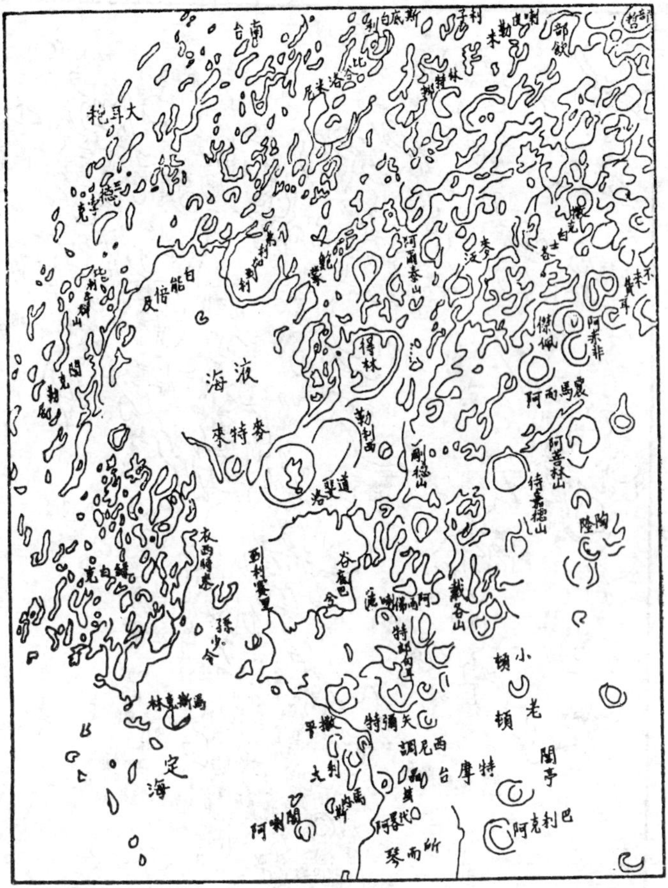

第八圖

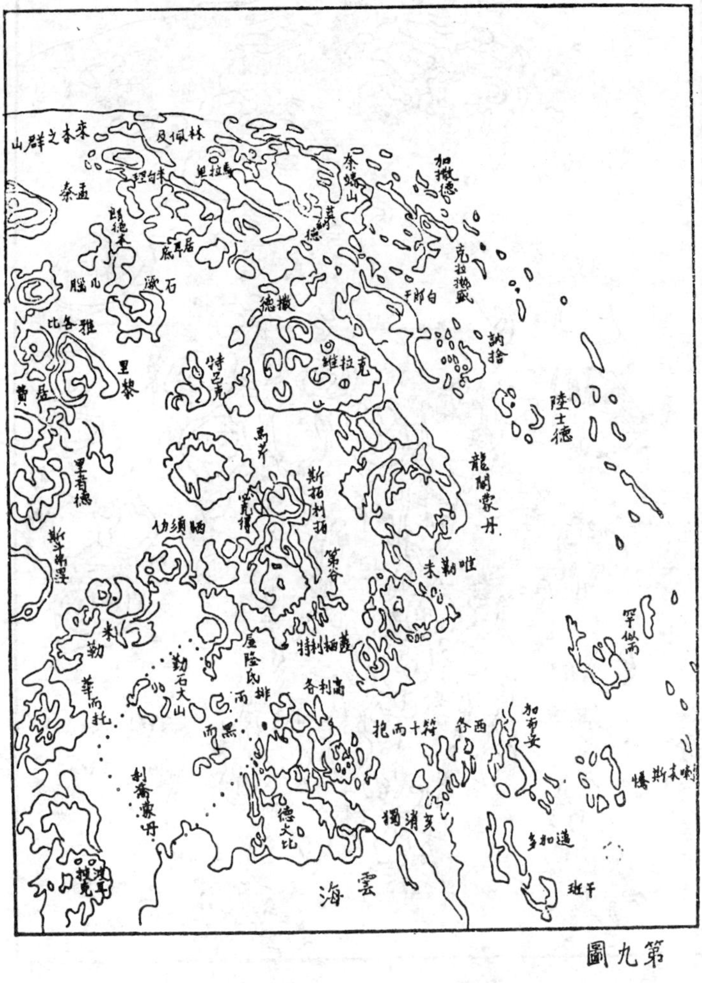

第九圖

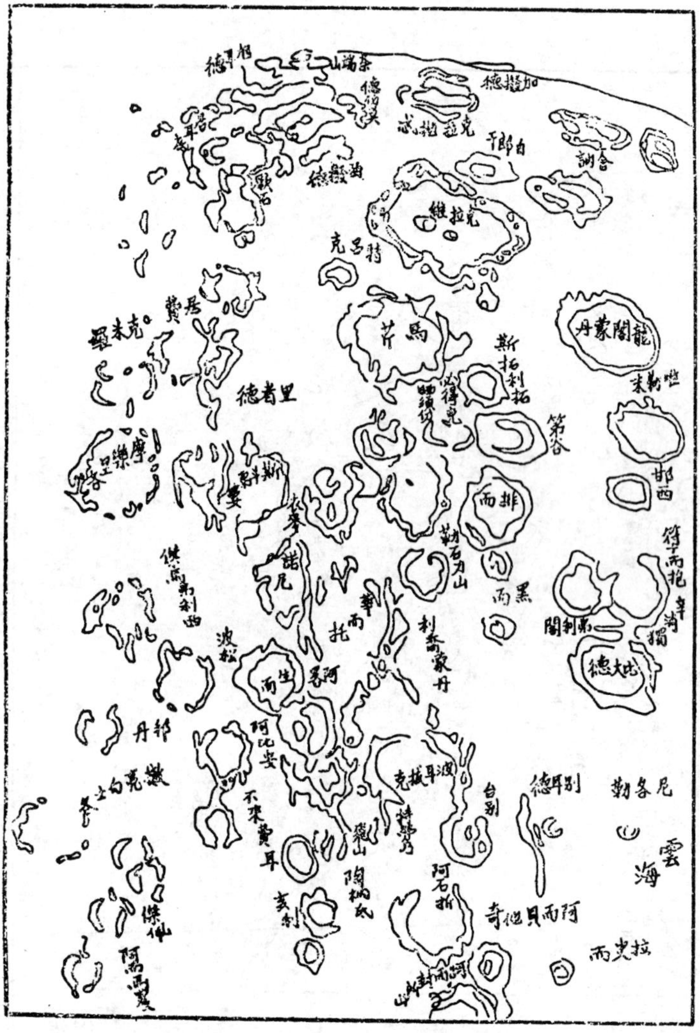

第十圖

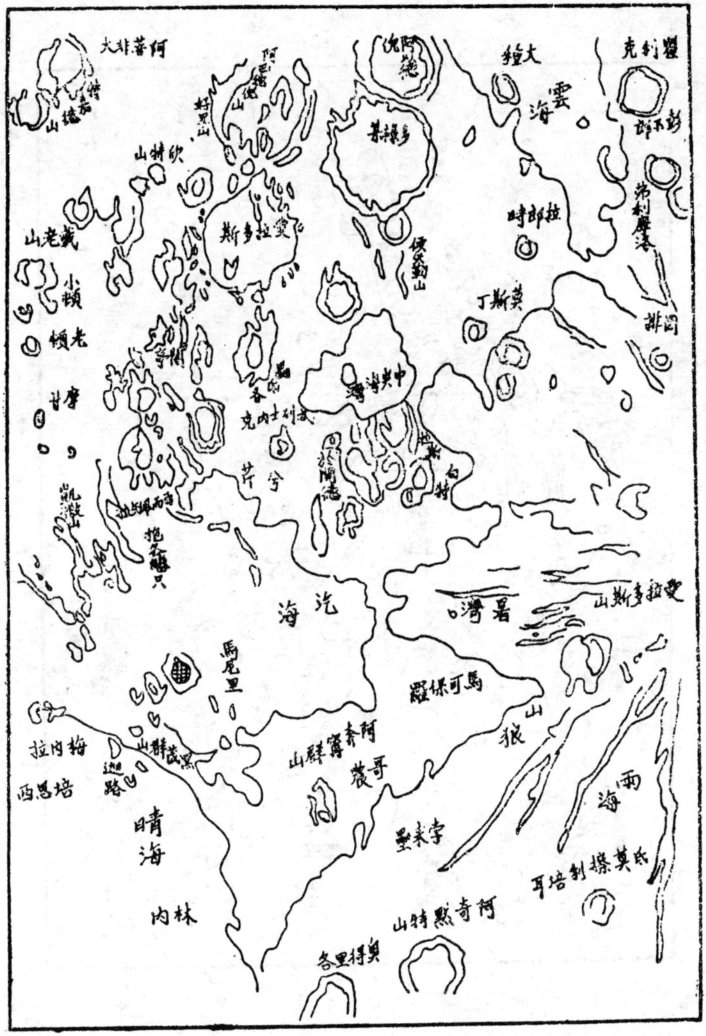

第十一圖

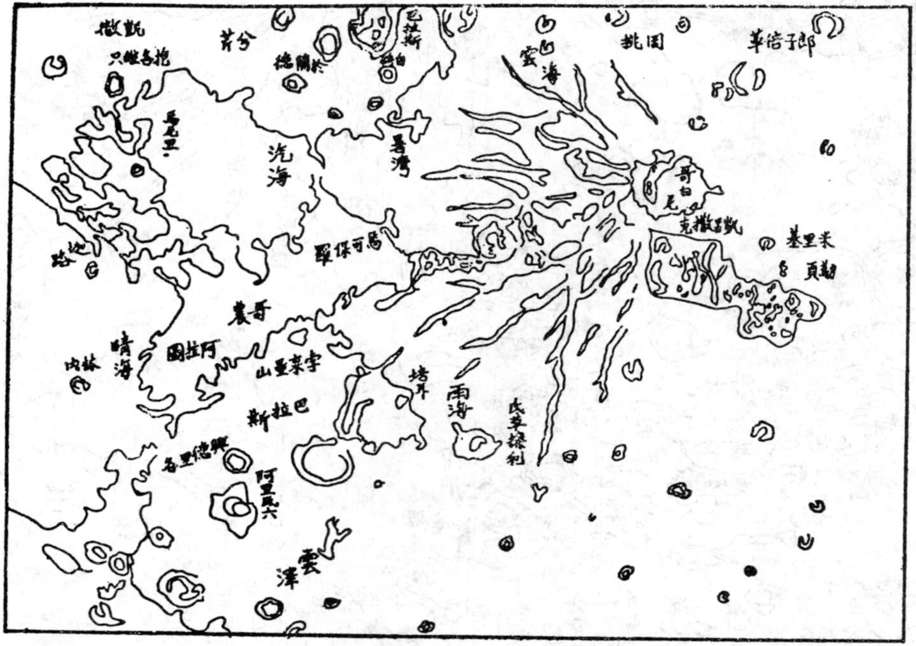

第十二圖

汽海

晴海

雨海

亞奔默寄山

凱匿里斯

奥林巴斯

鳴昌尼

雲澤

嗚昌尼

山峨多士里阿

阿夫奇阿

阿瀾矮森山

寒海

希拉圖

何會西芒特

非茲治

阿會棻希希

兗

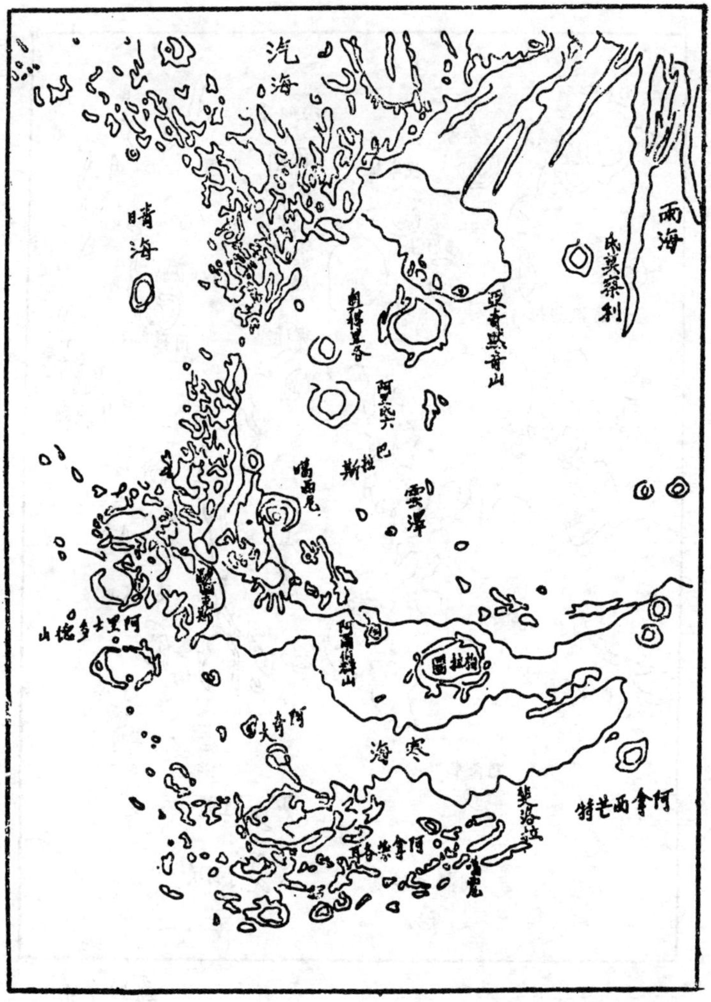

第十三圖

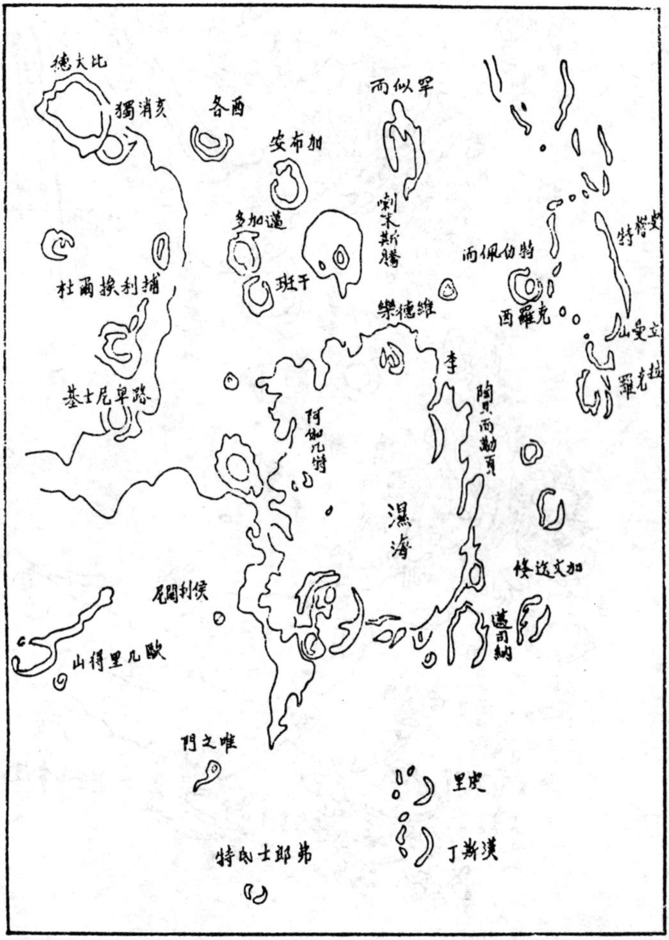
比大德
亥消獨
酉各
罕似而
加布安
遙加多
喇末斯騰
干班
捕利換爾杜
維德樂
特仂佩而
克羅西
特督斐
文曼山
拉克羅
李
陶貝而勘頁
阿伽几特
渥海
路阜尼士基
侯利闍尼
歐几里得山
加文迭倏
遙司納
唯之門
史里
漢斯丁
弗郎士民特

第十四圖

太陰圖

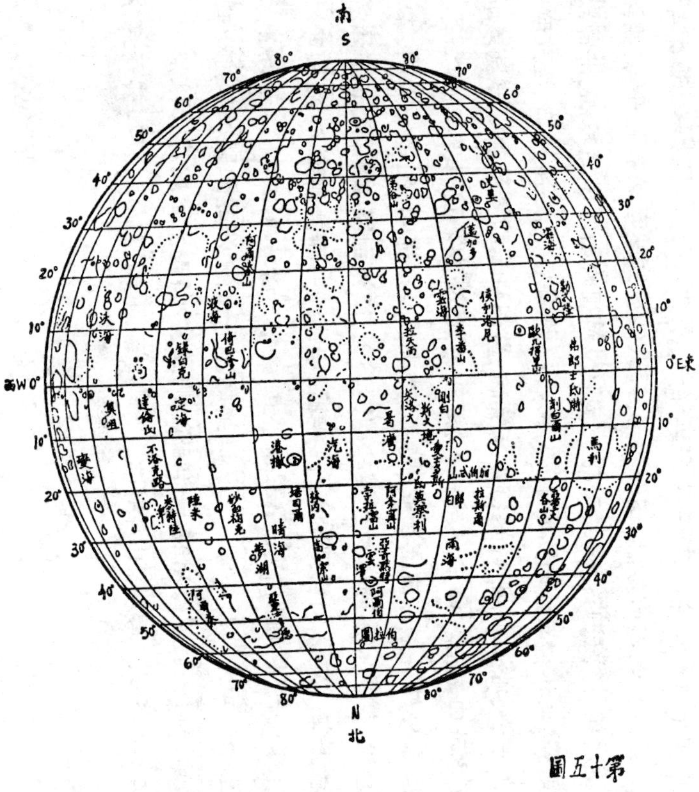

第十五圖

跋

諸天講凡十有五篇，原稿目次：通論篇第一，地篇第二，月篇第三，黄道光篇第四，日篇第五，游星篇第六，彗星篇第七，流星篇第八，銀河天篇第九，霞雲天篇第十，諸天二百四十二天篇第十一，上帝篇第十二，佛之神通大智不知日月諸星諸天篇第十三，曆篇第十四，儀象篇第十五。今刻黄道光已附於流星篇後，不自名篇，是書付刊時，先生隨加改易增損，與原稿略異。增附篇一，仍沿存十五之數。又附月球圖十有五，月球圖名中西文參照表一，惟是表僅存東西自南緯八十度至南緯三十度，與南緯一十度至赤道一帶山海諸名，餘則殘缺過半，欲謀補譯而未獲，不得已乃付缺如。幸與原文相離，無關閎旨也。噫！諸天講自歲丙寅冬付鋅，五載于茲，今日始得全書告竟。蓋逾年而遽遭山頹木壞之痛，稿板因以封庋，遷延日久，蟲鼠剥食，時有散亡之虞，同人憂之，謀舉出版。去歲秋，伍憲厂前輩自海外貽書，願任剞劂之資，而以校讎續刊之責屬予。竊以紹師道之垂緒，傳薪火於遺業，固責在來者，小子曷敢讓哉！爰不揣疏愚，搜檢餘稿，整飭條理，目次先後，抉其疑誤，掇其散遺，補苴張皇，慎加校讎，以蕆事焉。嘗憶歲某夕，先生召天游學院諸生，集於所居天游堂庭堦之西偏，時夜將半，涼風颯洒，纖雲四捲，天宇澄澈，須臾皓月東升，清光流輝，園中四顧寂靜，林木疏影瀉地。先生曰：美哉斯境，可矣！乃出遠鏡，相率矯首引望，仰窺雲漢，星月燦燦，光芒曄喔，咫尺相距，不禁目炫神往也。先生復進左右，莞爾而言曰：人生天地間，智愚賢不肖雖各有其差，而終身役役，内摇其心，外鑠其精，憂樂相尋。小者則憂其身、憂其家，大者則憂其國、以及天下，常苦憂多而樂少。然見大則心泰。吾誠能心游物表，乘雲氣而駕飛龍，逍遥乎諸天之上，翱翔乎寥廓之間，則將反視吾身、吾家、吾國、吾大地，是不啻泰山之與蚉蝱也，奚足以攖吾心哉！况諸天歷刼，數且無窮，又何有於區區吾人哉！嗚呼！昔者莊子嘗言，與天爲徒。夫下處濁世，塵垢芴芒，悲憫無極，人也而託諸天。世之讀是書者，能善自取先生之意，斯可焉已。庚午仲春，門人無錫唐修謹跋。